VANCOUVER
GLACIER
BANFF
CALGARY
MOOSEJAW
BRANDON
WINNIPEG
FORT WILLIAM
PORT ARTHUR
SAULT STE MARIE
SUDBURY
NORTH BAY
OTTAWA
MONTREAL
QUEBEC
ST JOHN
HALIFAX
VICTORIA
NEW WESTMINSTER
TORONTO
BOSTON
MINNEAPOLIS
ST. PAUL
NIAGARA FALLS
NEW YORK
PAR L'OCCIDENT à L'EXTRÊME ORIENT
JAPON
CORÉE
CHINE
SIAM
NIE
LES INDES.
PUBLIÉ PAR LA COMPAGNIE DU CHEMIN DE FER PACIFIQUE CANADIEN.

PAR L'OCCIDENT

À

L'EXTRÊME ORIENT

GUIDE

DES

PRINCIPALES VILLES DE

LA CHINE ET DU JAPON

AVEC UNE NOTICE SUR

LA CORÉE

PAR

ELIZA RUHAMAH SCIDMORE.

PREMIÈRE ÉDITION FRANÇAISE.

PUBLIÉ PAR
LA CIE. DU CHEMIN DE FER PACIFIQUE CANADIEN.
1900.

UNE "EMPRESS" PARTANT DE VANCOUVER.

Préface.

Cette brochure a pour but de fournir des renseignements généraux et concis aux personnes désirant visiter le Japon et la Chine ainsi que de servir de guide aux voyageurs du Pacifique Canadien. Ce n'est ni une description détaillée, ni un simple indicateur. Elle énumère les principaux points d'intérêts avec assez de détails pour les touristes ordinaires tout en indiquant aux autres la source d'informations plus précises. Elle se propose de dire aux voyageurs en perspective ce qu'il y a à voir et aux voyageurs en route la manière de le voir. Si l'auteur a réalisé son dessein le présent livret sera utile aux uns et intéressant aux autres.

C'est le résultat d'observations personnelles et tout en étant un guide sûr pour les voyageurs dans les pays ci-dessus mentionnés, il apprendra aux autres une foule de choses intéressantes sur la Chine et le Japon.

Ceux qui sont sur le point d'entreprendre ce voyage agréable auront naturellement besoin d'autres renseignements concernant les départs des bateaux, les bagages, les billets, les correspondances. Etant sujets à variations ces renseignements ne figurent pas dans cette brochure et pourront être obtenus par tous les agents de la Compagnie du Pacifique Canadien.

Les voyageurs voudront probablement lire aussi le pendant du présent livret : *" La Nouvelle Route de l'Orient " comme celui-ci richement illustré ; qui décrit le voyage à travers le Continent Américain et que les agents de la Compagnie se feront un plaisir de faire parvenir à tous ceux qui en feront la demande.

ROBERT KERR,

Chef du Service de Voyageurs.

*" The New Highway to the Orient."

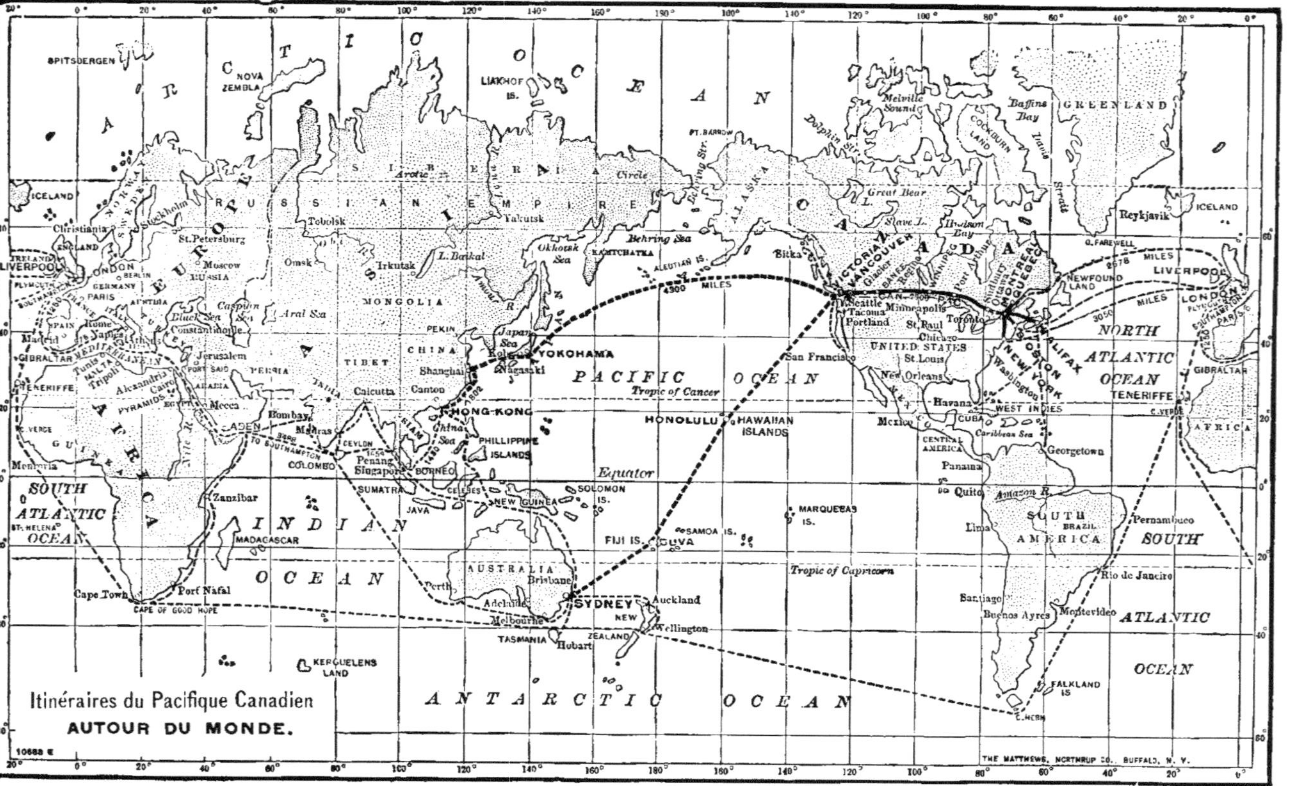

Itinéraires du Pacifique Canadien
AUTOUR DU MONDE.

I.

Quand Christophe Colomb fit voile vers l'ouest pour découvrir une nouvelle route des Indes, il songeait également au fabuleux Zipangu dont Marco Polo avait entendu parler à la cour de Khublai Khan. Après avoir quitté San Salvador et en vue de Cuba, le célèbre navigateur dut croire que le palais de Zipangu n'était pas loin avec ses toits, ses parquets, ses fenêtres " d'or massif comme des dalles épaisses de deux bons doigts."

Heureusement le Japon fut réservé pour notre siècle, pour notre génération, et ce pays exquis — différent du reste du monde, unique et précieux, joli et fignolé comme une de ses " netsukes " ou œuvres d'art minutieuses — fait les délices du voyageur le plus blasé et enchante tous ceux qui le visitent.

Colomb ne découvrit pas ce Zipangu, ou Jeh Pun, le pays du Soleil Levant. Il fut découvert en 1542 par Pinto qui rendit possible l'œuvre de St. François Xavier et des premiers Jésuites. Sans leur ingérence dans les affaires politiques le pays n'aurait pas été fermé à tout trafic étranger jusqu'au voyage de Perry en 1853. La baleine est cause de ce grand résultat. Après avoir cité ce que Michelet dit à la louange de la baleine, Nitobe* ajoute : " que la fente par laquelle la diplomatie de Perry s'est frayé une entrée au Japon, a été le salut des baleiniers américains." Au lieu de fournir un port de refuge aux naufragés et aux marins en détresse, le Japon souhaite à l'heure qu'il est la bienvenue au monde entier et nous ouvre une Arcadie étrange et nouvelle.

Depuis quelques années le nombre des voyageurs se rendant au Japon a quadruplé. Le tour du monde est devenu ce qu'était autrefois le tour d'Europe. La vieille maxime : " Plus il y a de voyageurs, meilleurs seront les bateaux, et meilleurs sont les bateaux, plus il y aura de voyageurs," se trouve confirmée par le nombre augmentant des voyageurs trans-pacifiques et par là la flotte des paquebots de la Compagnie du Chemin de fer Pacifique Canadien. La création de cette flotte correspondant avec les trains transcontinentaux a inauguré une nouvelle ère. Tout nous invite à faire le tour du monde. On dirait que de loin le Japon nous fait signe de venir. De Hong Kong à Liverpool on ne change que deux fois et, partout, le même système décimal de monnaie.

Le temps et les distances sont abolis. Le voyage de New York à Yokohama se fait comme autrefois le voyage de New York à Liverpool.

Dix jours après avoir quitté Yokohama l' " Empress of Japan " arrive à Vancouver et en moins de quinze jours le voyageur se rend du Japon à New York ou à Boston. En soixante jours on peut aller de New York au Japon, y passer quatre semaines à visiter les endroits fameux, et être de retour à New York. Chaque jour le Japon se modernise et ceux qui désirent le voir dans sa splendeur nationale n'ont qu'à se hâter.

Toutes les saisons sont favorables pour entreprendre le voyage ; chacune fournit une attraction particulière. Le temps des cerises, la saison des chrysanthèmes sont les grandes occasions de l'année et lors de ces fêtes printanières et automnales le climat ne laisse rien à désirer. Les mois plutôt pluvieux de Juin et de Septembre ainsi que les chaleurs de l'été ne diminuent en rien le charme et l'intérêt de la vie en plein air. Généralement l'automne finit dans un été de la St. Martin qui dure jusqu'à Janvier et les premières gelées provoquent une orgie de couleurs qui étonne même l'Américain tout habitué qu'il est aux merveilles de son feuillage automnal. En hiver, Tokio fourmille de monde, le parlement est en session, la cour en fêtes, les solennités, les réceptions et les cérémonies abondent et aux plus mauvais jours le temps est agréable comparé à ce qu'on voit de l'autre côté du Pacifique.

* " Intercourse Between the United States and Japan," par Inago Ota Nitobe. Baltimore. John Hopkins, 1891.

" Le Japonais," dit Percival Lowell, " courtise la Nature et il semble qu'elle l'écoute et lui sourit ; que l'amour la transfigure de son rayon divin comme il transfigure une jeune vierge. Nulle part elle n'est plus aimable qu'au Japon ; un climat uniformément tempéré, des mois de printemps et des mois d'automne séparés par un hiver de quelques semaines ; un pays de fleurs où le lotus et le cerisier, le prunier et le wistaria poussent ensemble ; où le bambou entoure l'érable ; où le pin a enfin trouvé son palmier ; où les zones tempérée et tropicale se confondent dans un long baiser."

II.

Après une journée en chemin de fer le long du Hudson et du lac Champlain, ou bien une nuit de wagon-lit, le voyageur d'Europe ou de New York se trouve au point initial de son voyage. **À TRAVERS LE CONTINENT.** De Montréal à Vancouver la ligne du Pacifique Canadien enserre le continent, relie les deux océans comme s'ils n'étaient séparés que par un énorme quai. Dans des voitures luxueuses où il dort, dîne, se baigne, fume et lit comme à l'hôtel, il contemple le panorama du continent.

Toutes les beautés du nouveau monde se révèlent à lui ; les immenses lacs, les grands fleuves, les plaines et les prairies, les forêts et les marais, et enfin la plus grandiose chaîne de montagnes.

Le train grimpe, saute, se précipite par dessus les barrières, dans la gorge du Frazer, par les plaines boisées de Burrard et essoufflé s'arrête à côté de l'immense paquebot blanc qui doit transporter le voyageur de l'autre côté de l'océan, dans le vieux monde qui est le berceau de l'humanité.

Avec son indicateur annoté — un livret fort utile — le touriste a une vue à vol d'oiseau de tout le continent et en utilisant les pages blanches il en fait un complet journal de son voyage par terre. De la fenêtre d'un wagon on peut se livrer à d'intéressantes études de géologie, de botanique et d'ethnologie. Durant la première journée le train file à travers la région des anciens glaciers dont les traces sont si évidentes qu'à chaque instant on s'attend à voir quelque torrent sortant de la ravine prochaine plutôt qu'un des innombrables lacs encaissés par la forêt.

Le second jour le paysage continue sur une plus grande échelle et la vue embrasse cette vaste mer intérieure aux eaux bleues, le Lac Supérieur. Le côté nord est un vrai paradis pour le chasseur **LAC SUPÉRIEUR.** et le pêcheur ; on y voit une foule de lacs et de ruisseaux rapides dont les noms se traduisent par truites, et des truites de six livres, s'il vous plaît. A Fort William les voyageurs qui ont choisi la route d'Owen Sound par le Lac Huron, le pittoresque Sault Ste. Marie au Lac Supérieur, reprennent le train et à Moose Jaw, bien avant dans la prairie, le contingent de Chicago, de St. Paul et des Etats du Centre nous rejoint par la route du " Soo Pacific." Comme d'autres voyageurs arrivent de tous côtés, on s'imagine que le monde entier est en route pour le Japon et qu'on fait partie de quelque gigantesque exode.

Winnipeg, la
ville des prairies, a surpassé
en progrès toutes les villes nouvelles dès que le chemin de fer est

WINNIPEG. arrivé à la petite colonie de Selkirk sur la Rivière Rouge, isolée depuis un siècle au cœur du continent.

À la place de l'ancien fort de la Compagnie de la Baie d'Hudson, se trouve aujourd'hui bâtie, comme par la main d'une fée, une ville animée et prospère où, au lieu de verroterie et de couleurs, on vend dans des magasins élégants les dernières nouveautés de Paris et de Londres.

La rue principale avec ses grands magasins, ses immenses hôtels, ses superbes édifices et ses tramways électriques est particulièrement inté-ressante au milieu de l'hiver, quand tout le monde est enveloppé de fourrures et que les clochettes des traîneaux remplissent l'air de leur tintement argentin.

Winnipeg est la grande halte, la principale étape, et après une heure d'arrêt on continue la route dans des voitures fraîches.

Et au-delà s'étend le Far Ouest, doré comme un rêve, rempli de merveilles.

La prairie, tantôt plate et placide comme une nappe d'eau, tantôt ondulante et rageuse comme l'océan en tourmente, s'allonge et va mourir aux pieds des Montagnes Rocheuses.

Les vertes plaines où erraient autrefois des millions de bisons sont maintenant couvertes de champs de blé, jaunes ou verts, et non loin

LES PRAIRIES. des gares s'élèvent les élévateurs comme des phares sur la mer. Les seuls vestiges de ces immenses troupeaux qui jadis couvraient ces plaines, sont, çà et là, quelques mélancoliques piles d'ossements blanchis, qu'on vendait à deux dollars la corde aux raffineries.

Le noble Pied-Noir et le Crees flânent autour des gares de Qu'Appelle, Moose Jaw, Swift Current et de Medicine Hat, vendant aux touristes des cornes de buffalo et même de simple bœuf tout en se cachant la tête pour ne pas poser gratuitement pour les amateurs photographes. A cette dernière station le chemin de fer du Crow's Nest Pass s'embranche à gauche dans la grande région des ranches de l'Alberta vers les mines d'or de Kooteney.

Les soldats de la police montée du Nord-Ouest, durs aux contrebandiers et à tous ceux qui violent la loi, égayent toutes ces stations de leurs brillants uniformes et sont une proie facile de l'objectif tout comme l'ex-guerrier rouge qui ne scalpe plus personne.

Pendant le jour un gigan-
tesque mur bleu ferme
l'ouest où on distingue
de vagues pics

et il semble plus impénétrable au fur et à mesure qu'on s'en approche. On pénètre dans les montagnes et on quitte la plaine aussi abruptement que si on passait par une porte. Tout change. Les montagnes se dominent, chacune s'élève seule et distincte de la vallée, toutes bien arrêtées et nettes comme des pyramides bâties par la main de l'homme. La géologie y est écrite aussi lisiblement que dans un livre. Ses procédés sont si évidents qu'on peut voir et entendre ces masses énormes sortir presque à angle droit.

MONTAGNES ROCHEUSES.

Le touriste le plus pressé devrait prendre quelques jours extra pour ce voyage dans le Nord-Ouest et en passer un à Banff à la lisière des Rocheuses. Le Gouvernement Canadien a établi un parc national de vingt milles sur dix et au milieu la Compagnie du Pacifique Canadien a construit un hôtel modèle entouré de pics superbes. L'hôtel est perché sur une élévation dominant la rivière Bow ; de tous les côtés la vue est merveilleuse et le voyageur voit tout cela comme d'un belvédère tournant. Puis il peut se rajeunir dans les magiques eaux sulphureuses amenées dans les baignoires de l'hôtel, ou bien se plonger dans la piscine naturelle de la caverne voûtée. A cheval, à pieds, à bicyclette ou en canot il peut explorer le parc environnant pendant des semaines sans en découvrir toutes les merveilles.

BANFF.

De Banff à Laggan le paysage est des plus enchanteurs et les Rocheuses surpassent tout ce qu'on peut s'imaginer. Des pics gigantesques, des entassements de rochers encaissent l'étroite vallée, des glaciers et des neiges éternelles couvrent les régions supérieures au delà desquelles se trouvent ce qu'on appelle les Lacs des Nues, c. à. d. de petites pièces d'eau qui égalent ce qu'on voit de plus pittoresque en Suisse et en Norwège.

Une route de trois milles a été pratiquée dans les forêts de pins depuis Laggan au Lac Louise, le commencement du pays des nues. La compagnie du chemin de fer a fait construire un châlet au bord du lac où le touriste trouve tout ce qui rend la vie agréable s'il désire y passer quelques jours.

Le Lac Louise avec ses pics formidables et ses précipices, ses glaciers et ses neiges, sa nappe d'eau dont la couleur fait pâlir tous les autres lacs, a fait venir tous les adjectifs sous la plume de ceux qui ont essayé de le décrire. Et cependant sa beauté reste voilée à tous ceux qui ne l'ont pas vu de leurs yeux et foulé de leurs pieds les prairies fleuries de ces régions élevées. Le Lac Miroir, plus haut encore dans les nues, est différent de couleur, plus encaissé de murs de rochers et de neige ; chaque détail s'y voit double, car tout se reflète avec une netteté étonnante dans la surface sans rides du lac.

LES LACS DANS LES NUES.

On y a une vue splendide sur la vallée du Bow et sur des chaînes lointaines si on suit ces sentiers élevés, qui entrent dans la forêt pour en sortir un peu plus loin, traversent des étendues de bruyère rose, de vraies plates-bandes de marguerites, de boutons d'or, d'anémones et d'œillets indiens. L'edelweiss se trouve dans les régions supérieures et des empreintes de pieds fourchus disent que la chèvre et le mouton de montagne visitent également ces prairies semées de fleurs.

Le Lac Agnès est le dernier de ce trio. Dans l'air ténu et transparent on voit les moindres détails du bord opposé, comme si on était tout près.

Des chutes d'eau tombant en minces filets des bancs de neige, remplissent l'air d'un vague et lointain bruissement et des flocons de nuages naviguent sur un second ciel reposant dans le lac, et semblent jouer au cache-cache avec les pics qui s'y reflètent.

En reprenant le train à Laggan on est loin d'avoir vu toutes les merveilles des Rocheuses. Bientôt émerge le Mont Stephen, d'abord devant, puis au-dessus, pendant que le train se précipite dans la gorge à sa base. Il faut s'y prendre à plusieurs fois pour voir jusqu'au haut, car le géant joue des tours fantastiques à l'œil, et comme le train s'éloigne le formidable dôme s'élève, s'enfle, semble s'avancer ; la locomotive crie comme de terreur et furieusement se sauve.

Une autre grande chaîne barre la route et le train rampe sur les saillies de la gorge des gorges qui mène au sommet des Selkirks.

La perspective devant, derrière, au dessus, devient de plus en plus belle et on en voit des bouts entre les tunnels. Arrivé en haut le train vole de Rogers' Pass à Glacier où un autre hôtel de la Compagnie vous invite à faire halte.

L'hôtel est situé à 4,300 pieds au dessus du niveau de la mer et on voit le large flot du glacier Selkirk serpenter et se précipiter au fond de **LE GRAND GLACIER SELKIRK.** l'immense vallée en forme de fer à cheval. Le glacier n'avançant que d'un pied par jour, le soleil se mesure avec le monstre et le tient presque stationnaire au haut de la ravine.

On a une bonne vue du glacier par la fenêtre du wagon et on peut admirer les tons vert pâle et bleus des crevasses qui en rident la face étincelante. Mais si on s'arrête, on peut faire un mille et demi à pied, grimper les escarpements de glace et flâner tant qu'on veut sur la surface craquelante.

Asulkan, "le domaine de la chèvre de montagne," se lève derrière l'hôtel, mais cette bête farouche et son compagnon, le mouton à cornes, ont cherché d'autres régions depuis que le cheval de fer a envahi leur royaume et remplit de son bruit infernal la gorge de l'Illecillewaet.

C'est un croissant magnifique fait des courbes étonnantes qui embrassent des entablements d'où l'on voit à 200 pieds au-dessous l'étroit **REVELSTOKE.** Illecillewaet. Puis s'ouvre la grande vallée entre les deux chaînes de montagnes où le jeune Columbia verse ses eaux vers le sud. La petite ville de Revelstoke est un autre embranchement pour la région de West Kootenay, et la compagnie a construit un autre de ses hôtels modèles sur une terrace près de la gare. Des piazzas de l'hôtel, on a une belle vue sur la grande vallée et les sommets qui brillent dans la distance nous disent ce que doit être la région des lacs.

Un embranchement mène à Arrowhead d'où un bon service de bateaux transporte le touriste et le mineur par les rivières et les lacs jusqu'à la ligne frontière. Dans une douzaine de villes nouvelles-nées et de camps miniers on voit la vie de l'Extrême Ouest dans tout son pittoresque. Le voyage au Kootenay est devenu tellement à la mode que tout ce qui peut contribuer au confort du touriste a été prévu et personne ne devrait le manquer.

LAC LOUISE, PRÈS DE LAGGAN, MONTAGNES ROCHEUSES.

Après avoir de nouveau traversé le jeune Columbia, le train fait l'ascension d'une troisième chaîne et, par l'Eagle Pass et le Gold Range, arrive au grand Lac Shuswap. Alors le touriste qui est venu sans s'arrêter a pu admirer pendant seize heures les plus beaux paysages des montagnes d'Amérique et abasourdi par tout ce qu'il a vu et entendu il est alors trop fatigué pour approuver ou contredire son voisin qui prétend que ces heures empourprées de soleil couchant sont les plus délicieuses de toute la journée. Et comme si cela ne suffisait pas pour un voyage transcontinental, suivent les splendeurs du soleil levant, allumant de ses rayons roses, oranges et vermeils les escarpements de la gorge de la Rivière Thompson. Enfin une belle course le long du Fraser vers la mer et un dernier élan à travers les forêts de la Cascade où des arbres gigantesques et un enchevêtrement de fougères et de broussailles indiquent un changement de climat et de latitude.

A Vancouver la même Compagnie prévoyante a établi un hôtel encore meilleur et, bien qu'il soit situé au cœur de la ville, on y jouit d'une fort belle vue. Vers le sud on voit briller le Mont Baker,

VANCOUVER. pyramide étincelante de neiges éternelles, qui exerce sur vous une fascination étrange et croissante et que les habitants de Vancouver contemplent avec un sentiment qui ressemble à l'affectueuse vénération des Japonais pour leur Fujiyama sacré. Le port est coupé par un mur de montagnes et derrière se trouve le lac dont les eaux alimentent la ville ; les conduits sont posés au fond du chenal dont les eaux sont si claires qu'il est difficile de croire qu'elles soient salées.

Dans ses eaux nagent une telle quantité de mollusques et de méduses comme il est possible seulement d'en trouver dans les eaux tropicales et, à marée basse, les piles des anciens quais offrent le spectacle d'un aquarium et d'un muséum où se trouvent des spécimens du monde marin assez intéressants pour permettre de demander un prix d'entrée sur les côtes de l'Atlantique.

Si le voyageur se voit obligé d'attendre quelques jours avant de s'embarquer, Vancouver offre assez d'attractions pour l'intéresser. Ses rues sont une mélange de frontière et de port de mer, de centre minier et de forêt vierge, de populations de toutes conditions, d'origine européenne, orientale et américaine. Un magasin de curiosités vend des paniers ; des objets sculptés en argent et en ardoise sont apportés en canot par les Indiens de la côte ; à la porte voisine tous les produits de l'Orient sont étalés par des marchands Chinois et Japonais, dont l'assortiment s'augmente et varie avec l'arrivée de chaque steamer. Une montagne de caisses de thé est débarquée à chaque arrivée de l' "Empress," et une montagne de sacs de farine et de balles de coton prend leur place. Dans une boutique l'on voit les délicates balances du bijoutier pesant la poussière d'or retirée de sacs en peau de daim ou de boîtes en fer blanc ; ailleurs, un Chinois aux mains jaunes manipule les balances tendues de soie avec lesquelles est pesé l'opium vendu au fumeur. Une rue garnie de villas propres, dont les pelouses et les jardins sont bien tenus, forme une allée à travers une forêt vierge, et les neuf milles de route carrossable à travers Stanley Park, passent à travers une forêt aussi dense qu'une forêt tropicale. Où le sombre sapin de Douglas étend sa végétation la plus épaisse, il y a seulement un rayon d'un vert obscur qui perce à travers les branches vers l'heure de midi, et la route ressemble plutôt à un tunnel tracé à travers la forêt primitive. Fourrés, vignes, fougères et mousses y poussent, luxuriants, s'enchevêtrant, les cèdres de Californie y prennent des proportions gigantesques, et le voyageur plutôt que de manquer de visiter et de se rendre compte avant son départ, de ce qu'est une forêt de la côte ouest, devrait se lever avant le réveil de l'alouette.

Rien de ce qui pouvait embellir les trois " Empresses " sous tous les rapports de l'art de la construction n'a été négligé dans les chantiers du Lancashire. Solidité et rapidité étaient les deux premières choses à considérer, et avec leur coque d'acier, leur double fond, cloisons étanches, leur double hélice, leurs engins à triple expansion et leur vitesse **LES PAQUEBOTS.** moyenne de plus de dix-neufs nœuds à l'heure, les conditions du contrat étaient remplies, et au delà. Tout d'abord, pour le confort des passagers, les navires furent peints en blanc, diminuant ainsi de plusieurs degrés la chaleur de l'entrepont dans les eaux du sud, leur donnant une apparence de fixité. Quatre cent quatre-vingt cinq pieds en longueur et cinquante et un pieds au bau du navire, avec un pont protecteur en cas d'orage et de tempête, les cabines et salons au travers du navire, il y a assez d'espace, d'air et de fixité pour être appréciés par les cent cinquante passagers de cabine que chaque bateau peut transporter. Tous les salons sont éclairés à la lumière électrique, et pendant que les éventails électriques et les manches à air établissent un courant d'air rafraîchissant dans les régions tropicales, le chauffage à la vapeur réjouit et réconforte dans les régions arctiques. Des éventails électriques au dessus des tables remplacent le volant du punkah oriental, et le manche grinçant, et le jeune garçon punkah sommeillant, avec sa courroie, sont choses inconnues. Des domestiques chinois en bonnets et blouses d'un bleu rutilant s'acquittent silencieusement de leur service, se mouvant comme de parfaits automates, et le personnel du maître d'hôtel est dressé de façon à donner satisfaction aux " clubmen " et gourmets de l'Extrême Orient, où la question du dîner est de beaucoup plus importante qu'en Angleterre même. Le voyageur bientôt adopte le mot " boy " comme appellation pour toute espèce de domestique, son déjeuner devient " tiffin," il frappe des mains presqu'aussi souvent qu'il tire la sonnette ou presse le bouton, et le domestique jaune apparaît aussi rapidement et aussi silencieusement que Ram Lal avec ses entrées mystérieuses et ses departs nébuleux ; et les aises, le luxe, et tous les conforts de l'Extrême Orient sont goûtés avant que plusieurs degrés du Pacifique soient dépassés.

III.

Quand un navire chinois est ancré dans le port de Vancouver, toute la ville est au courant de la chose. Quand le " blue **LE DÉPART.** peter " flotte au haut du mât l'attention de Vancouver est concentrée vers l'entrée, et quand le navire quitte le port, tout Van-

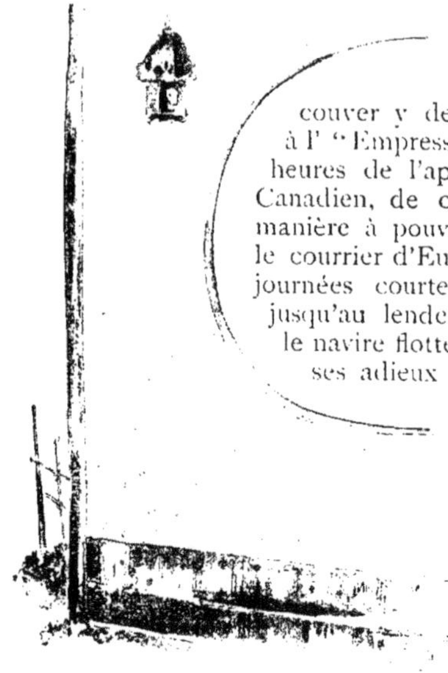

couver y descend pour souhaiter une heureuse traversée à l' "Empress." Le bateau attend souvent jusqu'à quinze heures de l'après-midi, par suite du système du Pacifique Canadien, de compter les heures de un à vingt-quatre, de manière à pouvoir prendre les derniers passagers et emporter le courrier d'Europe apporté par le chemin de fer ; et dans les journées courtes de l'hiver le bateau attend généralement jusqu'au lendemain matin. Alors l'amarre est détachée et le navire flotte dans le courant. Vancouver acclame et fait ses adieux à l' "Empress" ; et augmentant sa vélocité, le bateau enfile les Narrows, provoque un grand bouillonnement à travers les rocs verts du " Castor," passe rapidement dans la magnifique passe du détroit de Howe, puis prend sa course parmi l'océan d'îles et d'ilôts semés le long de la grande étendue du Golfe de Géorgie. Pendant quatre heures, le vaisseau fraie sa voie à travers des eaux entourées de terres avant d'arriver en plein océan et commence son voyage vers l'Orient, loin du Nouveau Monde vers l'Ancien Monde, de l'Occident à l'Orient.

Un nuage de fumée visible des rives de l'île Vancouver indique les mines de charbon de Nanaïmo, où les bateaux charbonniers vont s'approvisionner, et à l'est l'on voit se dresser le Mont Baker dont le cône blanc est visible aussi longtemps que la terre est en vue. D'étranges courants indiquent les eaux de la rivière Frazer, dont la température et la densité différentes, et flottent au dessus, ou coupent la masse d'eau salée, montrant partout une ligne de démarcation nettement définie. Silencieusement, comme s'il n'avançait pas, le navire glisse doucement sur les eaux vitrées, pas un mouvement des machines n'est ressenti, parmi de nombreuses îles, jusqu'au moment où passant entre San Juan et l'île de Vancouver, il arrive en vue de Beacon Hill, avec ses nombreuses villas suburbaines, et arrête sa course pendant quelques minutes aux quais extérieurs de Victoria. Le pilote grimpe dans un bateau qui l'attend, emportant les dernières lettres et messages à terre, et les derniers passagers sont embarqués. La ville de Victoria est cachée au loin derrière une muraille de rochers et son port, d'un accès difficile et tortueux, et la station navale d'Esquimault est indiquée par les têtes des mâts se montrant au-dessus du haut des arbres.

Nul ne devrait s'éloigner supposant qu'il a tout vu, avant d'avoir visité la seule ville du continent Occidental portant le nom de Victoria.

VICTORIA, B. C. D'autres villes portant le nom de Sa Gracieuse Majesté ont chacune leur charme distinctif, mais Victoria de Vancouver n'est pas surpassée. Le véritable port auquel la cité fait face est un large bassin qui ne peut être atteint que par un étroit passage entre des pointes couvertes d'arbres et dont l'accès est impossible aux grands steamers, lesquels s'arrêtent au quai extérieur tout au bout de la partie est de la ville. Si compliqué est l'intérieur de son hâvre, avec ses nombreuses petites

baies et ses bras, que nulle table des marées n'en à été dressée, et ce
mystère de la lune et de la mer demeure une énigme pour le savant et le
navigateur. A l'un des bras du hâvre s'élève l'ancien entrepôt de la
Compagnie de la Baie d'Hudson, réminiscence des jours où les premiers
pionniers érigeaient leurs forts et trafiquaient avec les Indiens pour
l'achat des fourrures. Graduellement la ville prit de l'importance, la
découverte des mines de la Rivière Frazer, Cariboo et Cassiar amenèrent
les explorateurs, les pionniers et les colons commencèrent à faire connaître la place et lentement augmentèrent l'extension de la ville longtemps avant l'établissement du chemin de fer. Quand la Colombie
Britannique formait une colonie indépendante sous Sir James Douglas et
autres gouverneurs, qui y régnaient sans être troublés d'aucune façon sur
cette côte éloignée, les Victoriens étaient plus fiers de leur cité qu'à
présent. C'étaient les anciens beaux jours, desquels il est intéressant
d'entendre raconter l'histoire ; mais depuis la Confédération, la fortune
de la Colombie s'est accrue rapidement, et les sentiments qui ani-
maient les anciens habitants ont fait place à un sentiment de grande
satisfaction pour son développement considérable et sa prospérité, aux-
quels les découvertes récentes du Klondike ont ajouté un nouveau
chapitre. Les excursions d'été dans l'Alaska ont été remplacées par des
excursions continuelles vers les champs aurifères du Yukon ; de grands
steamers océaniques quittent régulièrement les ports de Victoria et de
Vancouver pour Skaguay et Dyea, d'où Dawson et le Lac Atlin sont at-
teints confortablement par chemin de fer, traîneau et bateau à vapeur,
en quelques jours.

Un chemin de fer met en communication la ville avec les mines de charbon de Nanaïmo ; le pont de chemin de fer traverse un des bras étroits
du hâvre ; les tramways électriques circulent à travers la ville dans toutes
les directions, à travers James Bay et les quais extérieurs ; ses hôtels ont
augmenté en nombre et se sont agrandis ; ses rues améliorées et ses
magasins ont de beaux étalages. La ville chinoise retient le voyageur et
lui enlève nombre d'heures et de dollars, et le voyageur de passage re-
grette de la quitter, se promettant toujours d'y retourner.

Le climat de Victoria, selon la princesse Louise, est l'idéal de la perfection ; l'ayant vue au commencement de l'été, pour ainsi dire noyée
sous l'amas de floraisons, elle ne pouvait cesser d'en chanter les
louanges. La partie sud de la Californie peut rivaliser avec difficulté
sous le rapport de la beauté des fleurs qu'on voit à Vancouver
et Victoria, où la rose, la chèvrefeuille, et le fuchsia en particulier
étonnent par leur luxuriante croissance. Il y a un siècle ses clai-
rières pleines de roses provoquaient l'admiration de Marchand, l'ancien
voyageur Français, qui comparait les rives avoisinant Vancouver aux
bosquets de la vallée des roses en Bulgarie. Des fougères mesurant
de huit à douze pieds de longueur d'une extremité à l'autre s'emmêlent
le long de la route comme l'avant-plan de la forêt vierge, et plus on
s'avance, plus la nature libre révèle de beautés sauvages provoquant
l'admiration du voyageur. Le sportsman et le pêcheur trouveront
autant d'agrément que le naturaliste dans la contrée environnante,
et tout bon Anglais se sent plein d'orgueil en contemplant les
splendides navires ancrés à Esquimault, la station navale à l'ouest
de la ville. Il y a une cale sèche, un chantier de construction,

des fonderies et des ateliers, des entrepôts et des magasins fournissant le nécessaire à la flotte qui, croisant depuis le Dominion jusqu'au Chili, surveille les intérets de l'Empire Britannique dans cette partie du Pacifique.

Sur le Bras, toute la jeunesse de Victoria rame et chante durant les nuits d'été quand le soleil se couche tard ; et pour remonter ce long, étroit, tortueux bras de mer, à travers sa gorge où les eaux tourbillonnent et bouillonnent et reviennent avec la marée vous ramenant avec rapidité, est une excursion qui transporte de plaisir le cœur de tout habitant de Victoria.

La vie est facile et agréable dans cette cité proche de la mer d'orient. Ses citoyens sont sociables et hospitaliers. Il s'y donne beaucoup de thés ; le jeu de paume et le canotage y son fort en vogue ; les repas champêtres, dîners et bals donnés par la société de la vieille capitale provinciale ont un cachet tout particulier grâce à la presence des fonctionnaires, ainsi que des officiers de l'armée et de la marine revêtus de leurs brillants uniformes.

Quittant Victoria, les scènes riveraines deviennent de plus en plus belles à partir du moment où le bateau continue sa course vers l'ouest à travers les Détroits de Fuca, les traditionnels détroits d'Anian, vers le soleil couchant. La chaîne des monts Olympe se dresse comme une muraille marine géante le long des côtes de Washington, la porte de l'Ange, une déchirure dans la chaîne un peu au delà de la ville de Port Angeles laisse entrevoir dans la perspective du lointain un splendide pic recouvert de neiges. Les rives de Vancouver s'échancrent de parcs et d'étendues cultivées le long de l'eau, tandis que sur une longueur de plusieurs lieues, du pied jusqu'au sommet, les montagnes sont revêtues de végétation sauvage, inculte. Des groupes de canots noirâtres échoués sur le rivage, des colonnes de fumée devant des huttes de bouleau peuvent être aperçus à l'aide de longues-vues, et les bords de l'eau sont pittoresques. Le phare de Race Rock semble une chandelle placée sur l'eau et envoie son signal d'adieu au steamer avec l' " Union Jack," le jour, et la nuit projette sa lumière blanche. Plus loin, le gardien du phare du Cap Flattery salue avec le drapeau étoilé, puis continuant sa route, vers le coucher du jour, l' " Empress " entre dans l'immensité de l'océan oriental, où le soleil se lève, se couche, et où le temps commence.

Ce voyage de 4.300 milles à travers l'océan commence au 49ème parallèle de latitude nord, et Yokohama est située à 35 degrés 20 minutes nord. En allant plus au nord, où les degrés de longi-
LE VOYAGE. tude convergent, la distance est diminuée. Avec la rapidité de l' " Empress," la durée de la traversée est diminuée, et la traversée requiert d'une semaine à dix jours, moins que par toute autre voie. Dans sa course vers l'ouest, l' " Empress " en décrivant sa courbe passe assez près des îles Aléoutiennes pour permettre d'entrevoir les rives de l'île Atka et, si le jour est clair, de distinguer vers la nuit, reflétées dans l'air, les lueurs d'un volcan. Le long hurlement du loup n'est pas entendu de nuit par le marin faisant son quart, et en dépit de l'assertion du poète, cet animal n'habite ni Unalaska ni aucune autre des îles de l'archipel. Par contre, on y élève des renards bleus pour se procurer leurs fourrures, et Atka tout particulièrement ne forme qu'un vaste enclos destiné à l'élevage du

renard bleu ou de réserve à pelleteries. Il n'y a pas de colonies sur ces îles, et les provisions de vivres et de chauffage pour les pauvres et misérables Aléoutiens vivant dans des habitations à moitié enfouies sous terre, sont fort restreintes. Quand les passes entre ces îles seront relevées et la carte dressée, le voyage au Japon pourra être raccourci en traversant ces passes et le long des parallèles plus élevés de la mer de Behring ; et le futur câble trans-Pacifique aura une station dans l'une des Aléoutiennes, et longeant leur ligne, traversera les Kouriles ou la péninsule du Kamtchatka joignant les fils du télégraphe Sibérien.

La traversée de la ligne est l'incident marquant de la traversée du Pacifique, et le 18o^{ème} méridien qui marque la division entre les hémisphères Oriental et Occidental, et est exactement à l'antipode de Greenwich, est à peu près à moitié chemin. **UN JOUR DE PERDU.** En allant au Japon un jour est retiré du calendrier, et en allant vers l'est on ajoute un jour. L'on va se coucher le lundi et l'on s'éveille le mercredi matin ; ou, au retour, on se lève de nouveau et revit les incidents du jour précédent. À cause la discipline, de certains privilèges et de choses de routine incombant à l'équipe de service le dimanche, ce jour est rarement doublé ou retranché, et si l'on passe le méridien un dimanche on ne fait aucune attention à ce fait. Les passagers sociables célèbrent le passage de la ligne, et le moment exact où le passage se fait est toujours connu. Ceux dont l'imagination est inventive prétendent entendre le choc de la quille du navire contre le méridien, et de voir la ligne même à l'aide de longues-vues qui ont un toile d'araignée à travers un des verres. La moitié du voyage est finie, la descente du grand méridien commence, le passage de l'Occident dans l'Orient est commencé.

Quand le bateau atteint le 16o^{ème} degré est de Greenwich, la chaleur de l'air et l'humidité provenant du courant Japonais se font sentir, et durant les mois d'été le voyageur se trouvera satisfait d'avoir de légers habillements à sa portée. Autrement, il a besoin des mêmes vêtements chauds et indispensables dans le Nord du Pacifique que dans le Nord de l'Atlantique.

La vie à bord des bateaux du Pacifique du Canadien présente nombre d'attractions inconnues sur les Transatlantiques. Le passager n'a pas besoin de vivre en dessous de la ligne de flottaison, ni à l'extrémité d'une des séparations au début, car le mal **VIE EN MER.** de mer n'afflige pas la plupart de ses compagnons de voyage. Ou bien le touriste est devenu meilleur marin quand il atteint le soi-disant océan aux eaux calmes de Balboa ; ou bien il gagne le pied marin en faisant de longues enjambées. La plus grande partie du pont n'est pas occupée par de longues rangées de momies, couchées dans des chaises, et la distribution de soupes et de potions n'est pas le spectacle nauséabond que l'on voit sur le pont. Tant de nationalités y sont représentées, tant de voyageurs, de cosmopolites, vrais vétérans, sont rassemblés sur les steamers du Pacifique, que le jeune touriste prétentieux que sa famille considérait comme un Colomb ou un Stanley, au moment où il entreprenait son tour du monde, se trouve inférieur au marchand de thé, de soieries ou d'opium qu'il coudoie, et qui en est à sa vingtième ou trentième traversée. Un planteur de Manille ou de Java, un marchand de bois de teck ou de perles de Siam, l'impassible Anglo-Hindou, l'Anglais sérieux au service de la Chine, et le voyageur de commerce, qui croit fermement que l'Asie est son territoire — que ce soit l'eau pour les yeux du Col. Sellers ou toute autre panacée ou article qu'il veut introduire parmi ces millions de clients — tous, et nombre de missionnaires qu'on rencontre à bord, constituent la population du petit monde se mouvant dans le bateau. Des vétérans voyageurs, "les anciens" de l'Orient, font leur partie de whist régulièrement, de longs tournois animent les fumoirs, des jeux sur le pont réjouissent la compagnie, le tout pour l'amusement des passagers. Si l'on désire donner un bal, la promenade du pont est entourée de drapeaux, quelques lumières électriques sont placées, un piano est monté, et en avant ! une salle de danse digne des danseurs du Pacifique.

Nulle voile n'est en vue entre les deux rives ; nulles montagnes de glace ne flottent dans le Nord du Pacifique ; et une baleine, une loutre, des bandes de poissons volants ou des nautiles, ou les nuits de mer phosphorescente, tels sont les incidents mémorables de la traversée. Aussi grandes que puissent être les scènes que présentent parfois les eaux entre les 50ème et 51ème degrés, le Pacifique est moins capricieux et plus calme que l'Atlantique sombre et brumeux et la seule chose à redouter est le typhon. Se formant dans la mer de Chine, le *tai fun*, grand vent, se brise souvent en cercle dans le grand océan avant d'avoir le temps de s'étendre. Le baromètre previent toujours longtemps à l'avance, et nombre de personnes sont si sensibles à ses conditions atmosphériques que leur nerfs les préviennent de l'arrivée du typhon avant même que le thermomètre commence à tomber.

Le typhon est tellement bien connu que des navigateurs expérimentés peuvent le localiser quand le bateau est dans son rayon, dans son centre, ou en dehors de ses atteintes, et avec un navire bien ferme, en plein océan ; la seule chose à craindre est d'être un peu fortement secoué et une descente brusque de la température.

Les saisons du typhon sont rappelées par le vers suivant :

> Juin, trop tôt.
> Juillet, attention.
> Vous devez en Août
> Vous rappeler Septembre.
> Octobre tout est passé.

Les passagers Chinois sont parfois intéressants. Après avoir parsemé l'air de papier monnaie "Joss" afin de se rendre favorables les mauvais esprits de l'océan, rarement ils se montrent sur le pont durant la traversée, vivant sociablement ensemble dans l'entrepont Chinois, où ils jouent au fan-tan, fument de l'opium et font la causette. Les ossements de ceux morts en Amérique font parfois partie de la cargaison, et il est convenu que si l'un d'eux meurt à bord du bateau il ne sera pas enterré en mer, mais embaumé et transporté en Chine.

À bord, durant les heures de loisir, le voyageur peut se livrer à l'étude de la littérature Japonaise, qui est très considérable. Il doit lire "L'Empire du Mikado,"* que les Japonais eux-mêmes reconnaissent comme le meilleur et le plus documenté des ouvrages publiés sur

---

* "The Mikado's Empire," par W. E. Griffis. New York: Harper Brothers.

leurs traditions, histoire, coutumes et mœurs,* jusqu'à ce qu'il connaisse
les grandes lignes de l'histoire de l'Empire. Il doit connaître l'histoire
de la déesse du Soleil, qui a peuplé les îles ; et de Jingo Kogo, la
première impératrice. Il doit suivre l'histoire du déclin du pouvoir des
Empereurs et l'usurpation de ses fonctions par le Shogun, jusqu'au moment où ce vassal militaire obtint le pouvoir et gouverna de cette façon
jusqu'à la restauration du pouvoir actuel de l'Empereur en 1868. Il
doit connaître aussi l'histoire de Hideyoshi, le Taiko, le grand général
du Moyen Age ; et de Iyeyasu, l'Auguste de l'âge d'or ; et de Keiki, le
dernier des Tokuwaga Shoguns.

Il doit se mettre au courant de l'histoire politique
des vingt-cinq années suivant la Restauration, et des
changements politiques remarquables
accomplis durant ce dernier quart de
siècle, cette merveille du siècle, le
brusque changement d'un système

LA RENAISSANCE JAPONAISE.

féodal en une monarchie constitutionnelle ; la suppres-
sion des privilèges des classes militaires, et l'établissement d'un parlement directement élu par le peuple.
Les théoriciens sont surpris au delà de toute expression
quand ils étudient la race et le problème sur son
propre terrain ;† "Le Japon dans les douze dernières
années a au point de vue historique accompli plus
de choses que durant les deux siècles et demi de
ses annales. Il a accompli des transformations qui en
d'autres pays auraient requis plusieurs siècles à s'accom-
plir. L'on doit aussi étudier les différentes définitions
vagues du culte Shinto, culte conventionnel des anciens
héros et de leurs qualités abstraites, où des mythes
prennent la place de croyances et d'articles de foi, mais
qui, par décret impérial ont été érigés en religion d'état
avec le souverain comme chef réel. Le Bouddhisme,
ayant été introduit au Japon par voie de Chine et de
Corée, a subi de grandes modifications, et Sinnett ne
peut certes pas être considéré comme le guide de ses douze sectes.

Dans le cours de ces dernières années, le Prof. Rein, le Dr. Resser,
le Prof. Morse, le Dr. Anderson, MM. M. B. Huish et Bing ont écrit
des ouvrages concernant l'art Japonais, l'art industriel et l'architecture.
Dans le traité de M. Conder sur " La Flore du Japon et la Décoration
fleurie dans l'art," duquel certaines
parties ont été introduites dans son
" Japonica," et dans l'ouvrage de
Conder récemment publié traitant
de l'architecture des jardins, une
révélation artistique et un raffine-
ment inconnus aux barbares de
l'Occident et desquels ils n'avaient
jamais rêvé, ont été mis à jour par
les recherches de ce scrupuleux
savant. L'ouvrage chromolitogra-

* Voir Nitobe, page 145.
† Harper's Magazine, vol. 46, page 858.

phié " L'Architecture Japonaise," par MM. Gardiner et Conder, restera l'ouvrage classique dans ce genre. Pour la légende et le roman, " Récits du vieux Japon," par Mitford, est un véritable trésor pour les chercheurs ; les traductions de Chamberlain et Griffis, " Le Monde des Fées," donnent les récits et les légendes qui servent d'inspiration à la moitié des sujets représentés sur porcelaine, laque, bronze et soie. Le guide pour ses pérégrinations, le nouveau " Murray's Japon," est l'œuvre de cet éminent savant Basil Hall Chamberlain et du professeur W. G. Mason. L'ouvrage du professeur Chamberlain, " Choses Japonaises," est un livre de références générales, arrangé en forme d'encyclopédie, et est aussi indispensable à ceux qui veulent se rendre compte exactement de ce qu'ils voient que l'ouvrage de Murray. Pour les impressions de voyage il y a lieu de consulter les ouvrages de Sir Edouard Reed, Miss Bird, Black, Dixon, Lowell et autres ; et Sir Edwin Arnold, Pierre Loti et Miss Alice Bacon ont esquissé et dépeint la femme Japonaise à nombre de points de vue. Partout on trouve le témoignage qu'il n'y a nul peuple aussi raffiné, aussi courtois, gentil, aimable, intéressant et ayant une conception esthétique comme celle de ces Latins de l'Orient.

MILLE ILES COUVERTES DE PINS, MATSUSHIMA.

IV.

Souvent l' " Empress " est en vue de terre vers midi et jusqu'au soir court le longs des côtes du Japon. Souvent les voyageurs approchent assez près de Kinkwazan, l'île sacrée de la baie de Sendai, pour être à même d'apercevoir les temples à travers des arbres et le pavillon flottant sur le petit phare placé à l'extrémité du cap de l'île.

La baie de Sendai avec Kinkwazan (montagne des fleurs d'or) et les mille îles couvertes de pins du Matsushima constitue un des "San Kei," les trois plus beaux paysages du Japon. Des daims domestiques cir-

culent et broutent parmi les bosquets des temples et, à l'époque où le
Bouddhisme était le maître, nulle femme ne pouvait y jeter les yeux, encore moins mettre ses pieds impurs sur le sol sacré de l'île.   Matelots
et pêcheurs vont prier devant les autels de Kinkwazan et au petit autel
placé au sommet ils vont implorer le dieu de la Mer qui colore les
vagues d'un vert si merveilleusement pâle, d'outre-mer, de pourpre et
de tons irisés comme l'on n'en rencontre nulle part, sauf dans l'île d'or.
La baie de Sendai est plutôt située en dehors de l'itinéraire habituel des
touristes, et un des deux autres paysages fameux du Japon, Ama-no-
hashidate, est encore plus éloigné de la route de la côte est ; Miyajima, l'île sacrée de la mer intérieure, n'est pas visible du paquebot.

Laissant Kinkwazan disparaître à travers le crépuscule, l' " Empress "
arrive en vue de Fujiyama à l'aurore et, tandis que le soleil surgit
comme par enchantement de l'océan et dore les côtes
marines, le bateau contourne le Cap King. passe à   **FUJIYAMA.**
gauche devant les phares de Sagami et de Kanonsaki,
et les appels du bugle annonçant l'arrivée au port surprennent

souvent les passagers au
moment où ils déjeunent.
Dans son " Flying Trip
around the World," Miss
Bisland dit : " Un petit
nuage d'un gris pâle s'élève
au dessus des eaux, et
lentement, un vaste cône
apparaît, un nuage rosé,
élevé, se dessine et prend
forme. bientôt les détails
apparaîssent, se colorent de
rouge et de teintes nacrées,
se mélangent dans la nuée
grise, et brusquement se
dresse dans le ciel bleu et
se révèle le Fujiyama, la
montagne divine ! Une
montagne de rose perlé
s'éleva hors de la mer ; et
quand les nuages gris qui
baignaient sa base se fon-
dirent en terre nous trou-
vâmes que c'étaient les
vertes collines du royaume
des fées.

" Nous nous levâmes et
vîmes que nous étions
arrivés au pays de l'Eventail
—aux îles de Porcelaine —
à Shikishima, le pays des
chrysanthèmes. L'endroit
où les grues volent jour
après jour, et les corbeaux

de nuit — où les cerises fleurissent, rouges et blanches, surgissant d'un rien pour décorer le premier plan, et où les femmes ont les yeux fixés dans le coin des paupières, et portent des robes avec lesquelles il est impossible à toute créature humaine de marcher, les obligeant de passer leur existence souriantes et immobiles devant des écrans ou des vases."

Quand le cône perlé du Fujiyama a grandi de la dimension d'une épingle à celle d'un pic majestueux, et que le " steamer " remontant la pittoresque baie de Yeddo est amarré à la bouée de la compagnie dans le hâvre de Yokohama, le Japon nous environne.

Des chaloupes à vapeur se dirigent vers le navire et viennent prendre les passagers et les malles **YOKOHAMA.** pour les débarquer. Des sampans fourmillent autour du passavant, et les bateliers indigènes dans leur étrange et net costume peuvent être vus sous leurs dehors les plus pittoresques. " C'est comme un livre illustré," écrit John La Farge dans ses " Lettres d'Artiste." " La mer était unie comme du beau papier blanc d'impression ; une vaste surface d'eau reflétait la lumière des cieux comme si c'était un air plus épais. Dans le lointain des rayons de lumière bleue, comme de légers coups de brosse, déterminant les distances. Au delà, noyées dans une brume blanchâtre, les voiles blanches et carrées tachent l'horizon et flottent au dessus. . . . L'approche de la terre est signalée par de petites collines d'un vert mousseux ; près de nous, les jonques dont vous connaissez les formes, éclairées de nuances de violet transparent, et cinq ou six navires de guerre et steamers, rouges et noirs, ou blancs, d'une apparence barbare et hors de place, mais pourtant comme s'ils formaient une partie de nous : et tout autour se déploie une flotille de petits bateaux, conduits par des rameurs debout dont les robes battent l'air autour d'eux, ou enveloppés dedans jusqu'à la ceinture. Il y en avait une telle quantité que la foule semblait bleue et blanche, la couleur de leurs habits semblait un

reflet du ciel en prose. Toutefois la plus grande partie d'entre
eux étaient presque complètement nus, et leurs dos, leurs jambes
et leurs bras constituaient une grande nouveauté pour nos yeux, ac-
coutumés à ne rien voir autre que notre bateau et l'immensité, vide
de vie, qui nous avait entourés pendant de longs jours. Les muscles
des bateliers saillaient fortement sur leur petite charpente. Ils avaient
presque tous — du moins ceux qui étaient jeunes — de fins poignets,
des mains délicates et le cou d'une forme élégante. Les pieds
semblaient larges, avec des orteils très carrés. Ils attendaient avec
anxiété pour aider à charger le charbon et à décharger, et bientôt
nous les vîmes commencer leur travail, portant de grandes charges
tout en causant le plus joyeusement du monde. Autour de nous se
jouaient les plus petits bateaux, avec les rameurs debout et godillant
leurs batelets. Alors le bateau marchand vint à toute vitesse vers
nous, ses rameurs debout se courbant et se relevant, leurs cuisses se
contournant et leurs mollets se raidissant, les légers vêtements qu'ils
portaient flottant comme des écharpes, de telle façon que nos charmantes missionnaires furent obligées de se détourner. . . .

" Mais les créatures humaines ne sont pas une nouveauté, même au
Japon ; ce qui est absolument nouveau est la lumière, sa blancheur,
sa nuance argentée laiteuse. Nous y avons pénétré comme par une
porte ouverte après quatorze jours de traversée à travers le Pacifique. . . .
Je me suis demandé en moi-même, s'il était possible d'éprouver des
sensations aussi nouvelles, des sentiments aussi complètement frais et
nouveaux de choses que je connaissais presque toutes avant mon départ,
si nous étions venus par toute autre voie ou par toute autre direction.
Tel quel, tout ce Japon est une révélation soudaine. Récemment nous
vivions chez nous, enfermés dans un navire, nous mouvant au milieu de
notre propre civilisation, quand soudainement, sans transition, nous
voilà lancés au milieu d'une civilisation nouvelle. Et sous quels splendides horizons, dans quelle atmosphère pleine de contrastes ! On dirait
que le ciel dans ses variations est le sujet d'un grand drame après
lequel nous cherchons, ou au moins son grand chœur. La beauté de
l'air et de la lumière, voilà ce que je désirerais pouvoir décrire ; mais ce
serait presque essayer de se rendre compte des pensées d'un autre, de
décrire la clef dans laquelle on joue."

La visite douanière au " English Hatoba," ou place de débarquement,
est plus stricte depuis que le Japon est devenu un pays ultra protec-
tionniste, et inaugura son nouveau tarif sur les importations en 1899 ;
les cameras sont soumises à un droit d'entrée, et le touriste photographe
amateur a souvent lieu de regretter de se mettre en évidence lorsqu'il
se livre à ses premiers essais photographiques. Incidemment, il y a
lieu de faire remarquer que la grande humidité de l'atmosphère em-
pêche le succès de photographies instantanées, et les kodaks ont
besoin d'être baissés même pour assurer le succès des négatifs de
figures mouvantes. Une exposition suffisante est seule nécessaire
au Japon.

Une douzaine de jinrikishas s'avancent précipitamment, et les coolies
laissent tomber les timons, se forment en cercle et vous invitent à
prendre place sur le siège confortablement bourré du minuscule véhicule. Les sensations que l'on éprouve lors de la première promenade

dans ce véhicule sont bizarres, et très peu de personnes peuvent conserver leur sérieux ou ne pas se sentir infatué de leur importance quand ils se voient conduit au " Bund " par un petit homme bizarre vêtu d'un caleçon et coiffé d'un chapeau en forme de champignon.   Un ministre éminent avoue qu'il se sentait le besoin de chanter et de

JINRIKISHAS. faire des glouglous, de battre des mains comme s'il était entré dans une seconde enfance la première fois qu'il se vit véhiculé dans cette voiture d'enfant.   Le " Jinrikisha " a besoin seulement de tubes pneumatiques pour devenir le poème de la

locomotion, pour être le véhicule idéal de l'univers.   Le Jinrikisha, ou Kuruma, comme il est désigné plus poliment en Japonais, fut inventé ou plutôt adapté par un nommé Goble, marin à bord du vaisseau commandé par l'amiral Perry, après son retour au Japon en qualité de missionnaire.   Son emploi date de 1867 à 1871, d'après les assertions de certaines autorités Japonaises, mais se propagea rapidement en Chine, aux Concessions, et même dans l'Inde.

Le tarif pour un jinrikisha et un sampan est placé sur un tableau mis en évidence aux endroits de débarquement.   Le tarif est de quinze cents pour se faire conduire à l'hôtel ou à la station de chemin de fer, vingt cents par heure, ou un yen par jour.   Pour faire la montée jusqu'à la falaise, le cocher requiert les services d'un atoshi, ou pousseur, pour l'aider à gravir le talus, et le passager, arrivé au sommet, paie quatre cents à l'assistant.

Toutes les maisons et tous les magasins de Yokohama sont connus des coolies par leurs numéros, lesquels en chiffres arabes ou japonais sont fixés à chaque porte ou barrière.   L'on peut apprendre

HÔTELS. les numéros et les caractères écrits sur les menus des hôtels, car chaque plat est indiqué en chiffres japonais d'un côté et en anglais de l'autre.   Le voyageur indique le nombre et le garçon apporte le plat demandé.

Ichi	1	Potage.
Ni	2	Poisson frit.
San	3	Œufs bouillis.
Shi	4	Lard et œufs.
Go	5	Jambon et œufs.
Roku	6	Œufs pochés.
Sh'chi	7	Omelette.
Hachi	8	Bifteck.
Ku	9	Rôti de bœuf froid.
Jiu	10	Bœuf salé froid.
Jiu ichi	11	Langue froide.
Jiu ni	12	Fruits.

Ban, signifiant " numéro," est ajouté à chacun, comme ichi ban, numéro un ; go ban, numéro cinq ; et ni jiu ban, numéro vingt.

Le Grand Hôtel (N°. 20, ou ni jiu ban), l'hôtel du Club (N°. 5, ou go ban), l'hôtel Oriental (N°. 11, jiu ichi ban), plusieurs petits hôtels de la colonie, et une ou deux pensions privées à la Falaise, recevront les étrangers. Les trois grands hôtels situés en face du Bund, ou muraille de la mer, sont aussi bien tenus et gérés que les hôtels de même classe dans les villes d'Europe. Les propriétaires étant anglais ou américains, les cuisiniers français, assurent tout le confort désirable ; les lumières électriques, le chauffage à la vapeur, les concerts donnés par l'orchestre durant les nuits d'été comptent au nombre des attractions. L'Hôtel du Club a une succursale à Tokio, dans les bâtiments longtemps occupés par la Légation des États-Unis. Chacun de ces hôtels est tenu d'après le système américain, les prix varient de six yens par jour et au-dessus.

Le Club Uni de Yokohama (n°. 5) et le Club Allemand (n°. 235) sont des centres où se réunissent la bonne société étrangère de la colonie, dont la population se monte à 3.532 ; mais ce recensement officiel comprend 1,808 Chinois, 806 Anglais, 325 Américains, 166 Allemands et 127 citoyens français résidant à Yokohama. Le Yokohama Rowing Club **CERCLES.** (Sport Nautique) et le Club Athlétique ont un local au Bund, près du "French Hatoba," avec gymnase, cabinet de toilette, hangar à bateaux, et bassin de natation. Le Club Athlétique et le Club de Lacrosse ont la gérance des emplacements du Jeu de Lacrosse de la colonie ; le Club du Jeu de Paume (dames) a soin des terrains et des jardins publics de la Falaise ; et le Club Hippique Nippon tient ses réunions chaque printemps et chaque automne, au champ de courses installé à la Falaise. Aux trois clubs ci-dessus mentionnés, les visiteurs peuvent être admis sur présentation de l'un des membres du club et, comme dans les clubs des villes européennes, peuvent y trouver le même confort et les mêmes avantages.

La Hong Kong et Shanghai Banking Corporation, située Water Street (rue de l'Eau) (N°. 2, ni ban) ; la Banque Nationale de Chine (N°. 75, shihi jiu go ban) ; la Chartered Bank of India, Australia and Japan (N°. 78, sh'chi jiu hachi ban) ; et la Yoko- **BANQUES.** hama Specie Bank (Shokin Jinko) établissement Japonais, font tous les genres d'affaires financières. Ces banques observent les jours de fêtes nationales, et sont closes durant les semaines de courses, circonstance qu'il fait bon au voyageur de tenir en note.

Les agents de change de la rue Main et Benton Dori, se chargent, pour une légère commission, de changer les billets de banque en monnaie divisionnaire, si nécessaire dans ce pays pour effectuer les petits paiements.

Le *yen* japonais, au pair, correspond au demi dollar américain, et est divisé en cent *sens*, lesquels sont divisés en dix *rins* chaque. Le *yen* a
MONNAIE JAPONAISE. une valeur moyenne équivalente au dollar argent mexicain, lequel est l'étalon de l'unité monétaire en Chine et dans l'Extrême Orient. De Hong Kong à Montréal, on parle et l'on négocie en dollars et en cents, réalisant ainsi de beaux bénéfices en échangeant les dollars canadiens et américains contre des yens ou des mexicains.

Aux bureaux du Chemin de fer Pacifique Canadien, au N°. 14, Falaise, on peut se procurer des billets de passage et tous les renseignements désirables sont donnés concernant les futurs départs et accommodations, et toutes les facilités possibles pour se rendre aux divers endroits et correspondances avec les ports d'escale sont procurées. Le Nippon Yusen Kaisha (Compagnie Japonaise de Malle-poste à vapeur), appartenant au et sous le contrôle du gouvernement, a une large flotte de navires côtiers, communiquant avec tous les ports du Japon, de la Corée, et du nord de la Chine, et des navires se rendent à Vladivostock en Sibérie, à Manille aux Iles Philippines. La Compagnie Orientale et Péninsulaire, le Norddeutscher Lloyd et les navires à vapeur des Messageries Maritimes ont aussi leurs bureaux à Yokohama.

Des lignes de chemin de fer relient maintenant les principales villes du Japon, et il y a 2,118 milles de chemin de fer en exploitation et
CHEMINS DE FER JAPONAIS. 1,000 milles en cours de construction. Les premières lignes furent bâties, équipées et exploitées par des ingénieurs anglais, mais maintenant tous les employés sont Japonais. Le bureau central des postes est situé rue Main et les courriers pour l'Europe partent chaque semaine, et pour l'Amérique il y a un départ en moyenne tous les dix jours. Le Japon fait partie de l'Union Postale, et le taux est de dix *sen* pour toute lettre adressée à l'étranger, pesant 15 grammes. Pour toute lettre dans n'importe quelle partie du Japon le taux est de trois *sen* pour chaque quart d'once.

Les bureaux du Télégraphe (Denshin Kioku) est situé rue Main. Il y a des lignes communiquant par tout le Japon, et le taux est de quinze *sen* pour les dix premiers *kana* (carrés), caractères carrés, et dix *sen* pour chaque dix mots suivants. En langue étrangère le taux est de cinq *sen* pour chaque mot. Un guide, ou un commis d'hôtel, vous traduit rapidement un message en japonais.

Il y a trois câbles communiquant avec l'Europe ; le prix varie de deux ou trois dollars par mot pour tout télégramme adressé à New York ou Montréal.

L'heure de Tokio, l'heure locale de l'Akeshi, ou 135ème méridien, est maintenue par tout l'Empire et est en avance de 9 heures sur Greenwich. Quand il est midi, Lundi, à Yokohama, il est

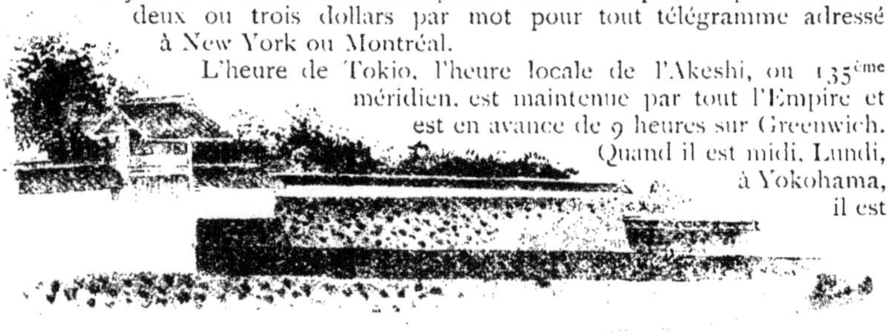

11.07 du matin, Lundi, à Shanghaï.
10.28 "   "   "   à Hong Kong.
 9.52 "   "   "   à Singapore.
 8.20 "   "   "   à Colombo.
 8.55 "   "   "   à Calcutta.
 7.53 "   "   "   à Bombay.
 5.12 "   "   "   à Suez.

3.08 du matin, Lundi, à Paris.
3.00 "   "   "   à Londres.
10 00 du soir, Dimanche, à New York.
10.00 "   "   "   à Montréal.
9.00 "   "   "   à Chicago.
7.00 "   "   "   à San Francisco.
7.00 "   "   "   à Vancouver.

Les Consulats de Russie et d'Angleterre et le Consulat Général des Etats-Unis sont situés sur Nippon Odori, la rue principale, commençant à l'ouest de l'entrée de la Douane, adjacente au Anglais Hatoba. Les pavillons aux couleurs de ces nations sont visibles de tout endroit de la ville. Le Kencho, ou bureau du gouverneur de la ville, est directement en face du Consulat Britannique, et le bureau central des Postes est situé en ligne diagonale du Consulat Général des Etats-Unis. **CONSULATS ET PASSEPORTS.**

Depuis la mise en vigueur des nouveaux traités de 1889 les territoires jouissant d'exemptions ont été supprimés au Japon, et tous les étrangers sont soumis aux lois japonaises durant leur séjour au Japon. Les passeports spéciaux obtenus par l'entremise des légations et consulats ne sont plus requis. Tout voyageur intelligent, naturellement, emporte un passeport de son pays d'origine comme identification en cas de difficultés.

Règle générale, le domestique étranger ou européen est presque inutile dans l'extrême Orient. Le touriste peut aisément trouver un "boy" japonais, ou valet, parfaitement au courant du service, et une *amah* ou femme de chambre, capable de parler suffisamment l'Anglais pour se rendre utile en voyage et ajouter beaucoup à son confort durant son séjour. **GUIDES ET DOMESTIQUES JAPONAIS.** Leurs gages varient de huit à quatorze dollars, et le patron n'a à fournir ni logement ni nourriture à Yokohama ou dans les grandes villes durant le temps qu'il y réside. Au cours du voyage il doit nécessairement pourvoir aux besoins des domestiques. En Chine il peut engager un "boy" chinois et l'emmener avec lui jusqu'à Hong-Kong, et de la même manière se procurer un serviteur indien qui lui facilitera son voyage à travers ce pays. Dans n'importe quel hôtel de Yokohama il pourra trouver un tableau contenant le nom et la carte des guides désirant trouver de l'emploi. Un guide est nécessaire à quiconque veut voyager confortablement dans l'intérieur du pays, hors des voies frayées, et constitue un grand avantage à quiconque ne parle pas le japonais. Leur corporation, la Kaiyusha, fixe un tarif régulier, variant de deux dollars par jour et au dessus, suivant le nombre de touristes dont se compose la caravane. Les dépenses et frais de transport du guide sont à charge de celui qui l'emploie, le guide lui fait économiser du temps et lui évite de nombreux ennuis, et en outre ne manque pas de lui faire visiter toute chose intéressante. Le touriste est prévenu de se méfier du "boy" qui parle un peu l'Anglais, et s'offre de le guider à des prix fort réduits.

Le voyageur a peu à craindre pour sa santé durant son séjour au Japon, car les règlements sanitaires et les quarantaines sont strictement imposés. Il y a d'excellents médecins étrangers dans chaque port, des hopitaux indigènes et étrangers, et des pharmacies bien équipées. L'étranger devrait faire **HYGIÉNE ET MÉDECINS.** grande attention au régime à suivre ; de ne jamais boire d'eau qui n'ait été filtrée ou bouillie, ou condensée ; d'éviter du poisson en écailles, tous fruits ou légumes crus et les boissons glacées. En outre, les résidents

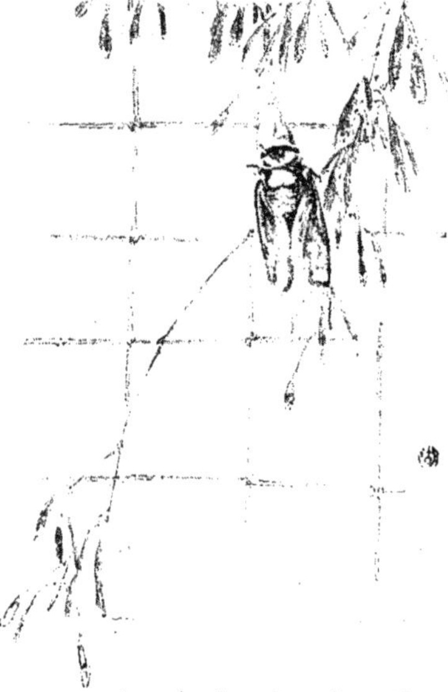

étrangers par toute l'Asie en tout temps portent la ceinture cholérique, pièce de flanelle serrée fortement, couvrant l'estomac et prévenant des frissons soudains dans les parties vitales, le fatal symptôme de maladies autres que le choléra. En plus, il doit éviter le soleil de midi, et comme remède préventif à la fièvre malariale, il doit prendre une tasse de thé ou de café chaud avant de descendre au rez-de-chaussée de la maison, ou avant de prendre son bain matinal. Dans les maisons de thé de la campagne et dans les endroits éloignés il lui est possible de trouver les contrefaçons de tout breuvage étranger; mais il doit éviter de boire ceux-ci. Les eaux minérales embouteillées sont les plus sûres, et celle de la source Hirano, près de Kobé, est similaire à l'Apollinaris. Du thé en tasses mignonnes est offert partout et étanche le mieux la soif, mais comme ce thé vert, frais et sans falsification est beaucoup plus fort que celui que le touriste est accoutumé à boire chez lui, il ne manquera pas de le trouver un stimulant puissant.

On peut toujours se procurer durant l'été de la glace sciée. La poudre insecticide est une nécessité, et chaque voyageur devrait en emporter avec lui lors des chaleurs, et l'huile de "pennyroyal" l'aidera à mener une existence agréable dans les vieilles maisons à thé, s'il prend la précaution de s'en frictionner complètement.

V.

Les excellents hôtels et le genre de vie exotique et l'intérêt que présente Yokohama incitent le touriste à prolonger son séjour dans cette ville; mais il est plus sage pour lui de voir la contrée, de visiter les ports de mer, les magasins de soieries et de curiosités, les photographes, les tailleurs, les tatoueurs, et de s'occuper plus tard de la vie sociale. S'il désire faire un séjour prolongé, il peut louer une maison meublée pour le temps de son séjour à raison de 45 à 50 dollars par mois pour un petit "bungalow," jusqu'à 300 dollars par mois pour une habitation plus prétentieuse. Ou, pour une maison non meublée, meubles, literies et autres nécessaires peuvent être loués chez les grands marchands de

MÉNAGE.

meubles. Des domestiques au courant du service se trouvent facilement ; le marché est abondant et les prix sont d'un bon marché ridi-
cule, et nulle part ailleurs le maître de maison n'a autant de facilités et
si peu de difficultés que dans les colonies étrangères de l'Extrême
Orient. Le buandier demande de 3 à 4 dollars par 100 objets. Une
voiture attelée d'un poney peut être louée pour 40 dollars par mois et
au dessus, et un cheval tout sellé avec *betto*, ou coureur, pour moins.
Les tailleurs, tant chinois que japonais, sont nombreux, et leurs marchandises bon marché ; et par tout le Japon, la Chine et l'Inde, quand il est
nécessaire de se procurer un grand assortiment de costumes d'été, on peut
s'équiper rapidement, à moins de frais et d'une façon plus satisfaisante
qu'en Europe ou en Amérique.

Après avoir quitté l'Amérique, les bagages de cale et les valises
ne causent aucun inquiétude. Les riches résidents étrangers de l'Orient
voyagent avec des bagages considérables. Il y a
toujours des domestiques et des coolies pour les **BAGAGES.**
porter, et les natifs marquent leur respect d'après
les possessions visibles du touriste. En jinrikisha et dans les excursions
dans les montagnes du Japon, le bagage est, comme de juste, réduit
à un minimum. Les compagnies de chemin de fer transportent 60
livres de bagages par billet.

Outre les promenades à travers les rues et devant les boutiques en
plein vent, observant les drames domestiques et mercantiles qui s'y
passent, et jouissant du plaisir de contempler ces   **BIBELOTS**
tableaux vivants de la vie japonaise, faire des achats   **JAPONAIS.**
est l'amusement préféré du touriste à Yokohama.
Les magasins de curiosités abondent et des trésors d'art provenant
de toutes les parties de l'Empire affluent vers ce grand débouché.
Que l'étranger ne s'attende pas à trouver de grands trésors dans
les traditionnels magasins sombres et dans les rues écartées à cette
époque de critique artistique et de concurrence. Mais, à moins qu'il
n'ait dirigé ses recherches dans cette voie et visité les grands musées et
les collections privées chez lui, le touriste souvent est mis en contact
pour la première fois avec les vrais produits de l'art japonais après son
débarquement. Il constate que les soi-disant porcelaines japonaises
qui encombrent les magasins d'articles de fantaisie et les bazars à
l'étranger sont des abominations dont le seul objet est de contenter les
soi-disant goûts artistiques de certains barbares, et nullement employées
par les Japonais. Les collectionneurs de toutes les parties du monde
depuis longtemps pourchassent les chefs-d'œuvre des anciens artistes, mais
les imitations de vieilles porcelaines et les contrefaçons des vieux maîtres
abondent. En l'absence de tout musée
d'art public, le touriste n'a aucune pos-
sibilité, aucune autorité pour pouvoir
faire des comparaisons, et les marchands de curiosités se débarrassent
facilement de leurs trésors soi-
disant artistiques. Les con-
naisseurs aussi bien que les
novices, tant intelligentes sont
les imitations, s'y trompent ;

et Makuza Kozan, le grand potier près de Yokohama, a fait des imitations de pêches soufflées et d'aubépines chinoises qui ont déçu même les experts chinois. Depuis que l'Occident est devenu si enthousiaste de peintures japonaises, des contrefaçons de Hokusai, Okio et Sosen ont ouvert un champ d'exploitation avantageux aux intelligents peintres de Kakemono. Comme les originaux des Kakemonos par ces artistes atteignent une valeur de mille *yen*, il y a lieu de se méfier des peintures de ces artistes offertes au rabais. L'époque des rabais à la façon orientale, ou de marchandage pendant plusieurs heures sur une somme de quelques *sens* sera bientôt une chose du passé, et les marchandises à prix fixes et chiffres à marqués sont la règle générale des meilleurs établissements. Les grands marchands de curiosités de Yokohama ont de magnifiques étalages, leurs vitrines garnies de miroirs, invitent toute personne à visiter leur établissement, et si le touriste semble témoigner le moindre intérêt en fait de curiosités, il se verra bientôt l'objet des sollicitations de la part de concurrents. Il y a nombre de petits magasins de curiosités, ou plutôt d'occasion, le long de Honcho Dori et de Benten Dori, sur Isezackicho et sur la route de Camp Hill conduisant à la Falaise, et bientôt les colporteurs trouvent le chemin de votre appartement.

Isezackicho, une rue de musées, de théâtres forains, de tentes, de restaurants, de magasins de jouets et de bazars en labyrinthe, aidera **AMUSEMENTS.** le voyageur à s'amuser pendant plusieurs soirées avec les spectacles qu'offrent ses ruelles et ses théâtres.

Le théâtre japonais constitue pour le voyageur accompagné d'un interprète un spectacle charmant, une vraie révélation, et le guide fera tout le nécessaire pour préparer un dîner à la japonaise dans une maison à thé ou restaurateur d'anguilles.

De l'emplacement où se trouve le temple sur le Nogeyama, la hauteur qui se trouve à gauche de la station du chemin de fer, on peut jouir du panorama de la ville et du port, avec les forts élevés sur le Kanawaga dominant le tout. Une voiture, ou jinrikisha, fait le tour de la Falaise, où se trouvent les résidences des membres de la colonie étrangère, traverse le champ de Courses, et fait le tour par les rives de la baie du Mississipi, ce qui constitue une des plus belles excursions qu'il soit possible de faire et nécessite une couple d'heures. Il

LE DAI BUTSU (GRAND BOUDDHA).

y a moyen de prendre un bon bain à la baie de Honmochu en dessous
de la falaise de Yokohama, et la maison à thé qui y est installée pro-
curera tout le nécessaire aux baigneurs.

VI.

Le *ri* et le *cho* sont les mesures de distance du Japon. Le *ri*
équivau à environ deux milles et demi, mesure anglaise, et il faut 36
chos pour faire un *ri*. Quinze *chos* font un peu plus d'un mille. Le
ri équivaut à 3927 mètres. Il est question d'adopter le système métri-
que décimal. En dehors des villes le tarif des jinrikishas est de huit à
quinze *sen* par *ri* selon les routes, mais sur toutes les routes ordinaires,
d'une station à une autre ; le tarif est fixe.

On peut passer une charmante journée à Kamakura et à Enoshima,
à vingt milles plus bas que Yokohama. Le train du chemin de fer
dépose le voyageur à Kamakura, près du Temple de Hachiman, lieu de
pélerinage historique, contenant de célèbres reliques. Près de la mer,
au milieu de pins, se trouve un excellent hôtel, la Kaihin-in, renommé
pour sa cuisine et le rendez-vous des étrangers à toute époque de
l'année.

La statue colossale en bronze de Bouddha — le Dai Butsu — est à
un mille du Kaihin-in. Elle a cinquante pieds de haut, et après avoir
visité l'intérieur du temple, le touriste peut se faire
photographier assis sur les genoux ou sur le pouce de **LE DAI BUTSU.**
Bouddha. Les photographies sont envoyées par la
poste aux adresses laissées au prêtre. Au monastère de Kotoku-in on
lit cette affiche, motivée par la conduite de certains touristes :

" Etranger, qui que tu sois, quelle que soit ta religion, n'oublie pas,
en entrant dans ce sanctuaire, que tu foules un terrain consacré par un
culte immémorial.

" C'est le temple de Bouddha, la porte de l'éternel, entre donc avec
respect."

En longeant la plage on arrive cinq milles plus loin a l'île de
Enoshima, qu'on peut atteindre à marée basse. Un bateau passeur
fait le service de l'île et dépose le voyageur au pied de ses rues escar-
pées. On peut faire de charmantes promenades dans les bosquets qui
couronnent l'île, et l'on peut visiter à mer basse la grotte de la déesse
Benten. On sert du poisson dans les maisons à thé d'où la vue est
splendide. La plage de Katase est excellente pour les bains de mer.
On peut rentrer à Yokohama directement en allant à Fujisawa en
voiture et de là en chemin de fer.

Il y a vingt-deux milles par le chemin de
fer de Yokohama à Yokosuka, mais quinze
seulement par le petit bateau
à vapeur qui quitte Hatoba   **YOKOSUKA.**
quatre fois par jour. Yoko-
suka possède un arsenal, des chantiers de
construction, des cales-sèches, etc., et comme
le Japon est devenu une puissance maritime
importante, il y a toujours à Yokosuka un
certain mouvement. A un mille plus loin
on trouve le tombeau de Will Adams,

pilote anglais, qui vint au Japon en 1607 sur un bâtiment hollandais,
et qui enseigna aux Japonais l'art de construire les vaisseaux.
Il fut jugé si nécessaire au pays qu'il ne lui fut plus permis de
le quitter.   En débarquant tournez à droite et suivez la rue jusqu'au
pont, et de là par une montée jusqu'à un escalier en pierre qui aboutit
au haut de la colline.   On y trouvera du tombeau de Will Adams un
splendide panorama.

FUJIYAMA.

Muni de son passeport, le voyageur peut se rendre après déjeuner (tiffin) jusqu'à Kodzu par le chemin de fer de Tokaido, à quarante-neuf milles de Yokohama. De Kodzu à Yumoto en tramway ou en voiture, et de là en jinrikisha jusqu'à **MIYANOSHITA**. Miyanoshita, où il arrive pour dîner. Il y trouvera deux grands hôtels, le Fujiya et le Naraiya, tenus à l'euro-péenne et où la cuisine est excellente ; il y a des bains, des salles de billard. etc. Les marchands de jouets abondent dans ce petit village de montagnes ainsi que les boutiques d'ustensiles en bois. Toute la contrée est sauvage et pittoresque. Il y a des bains sulfureux très fréquentés et l'air y est pur et vivifiant. Aussi ses hôtels sont remplis en toute saison, spécialement pendant l'été. Les excursions au lac Hakone à la solfatare d'Ojigoku et au col d'Otomitoge sont d'agréables buts de distraction pour le touriste. D'Otomitoge la vue embrasse toute la plaine de Fujiyama et l'on n'est qu'à cinq milles de Gotemba, d'où on peut prendre le train pour Yokohama, Kioto, et Kobé.

C'est de Gotemba que l'on part pour faire l'ascension du Fujiyama au mois de juillet ou août. À cette époque les lieux de pélerinage sont visités par des milliers de pélerins. L'ascension du Fujiyama a été faite en juin et en septembre malgré les **À FUJIYAMA.** dangers qui effraient les guides et les coolies, et il fallut employer la force pour emmener deux coolies dans l'ascension que deux Anglais firent en décembre 1891. Il y a sept milles en jinrikisha de Gotemba à Subashiri et de là à Umagayeshi encore cinq milles qu'on fait à cheval ou *en Kago*. Le kago est une chaise en osier portée par deux hommes "qui cheminent d'un pas ferme, comme s'ils portaient une corneille dans une cage au lieu d'un solide anglais," a dit le Docteur Dresser.

Depuis Umagayeshi jusqu'au sommet où se trouve la dernière des dix stations il y a quinze milles que les pélerins font à pied à travers les bois et sur la lave, mais les étrangers vont à cheval ou se font porter jusqu'à mi-côte. Un prêtre au sommet de la montagne donne pour de l'argent un certificat enluminé de l'ascension, et timbre les bâtons ferrés et autres objets. Selon Stewart le Fujiyama s'élève à 12.365 pieds au-dessus du niveau de la mer. Des nombreux temples qui sont sur les bords du cratère, la vue s'étend sur les cinq provinces et sur l'océan.

Le premier pélerin Fuji fut Sin-fu, un sage chinois qui conduisit, trois cents ans avant Jésus-Christ, six cents jeunes gens et jeunes filles sur le mont Fujiyama où ils devaient trouver la panacée de l'immortalité pour l'empereur Che-Wang-Te.* Ils n'en revinrent jamais.

Ce fut en 1860 que Sir Rutherford Alcock fit son ascension. Il était le premier européen qui fut parvenu au sommet, et ce ne fut que plusieurs années plus tard qu'une femme, une étrangère, osa y monter ; la déesse Fuji-San étant censée haïr son sexe et être servie par des esprits malins qui devaient enlever les audacieuses qui s'y seraient aventurées.

On peut parvenir au sommet en moins de six heures de Umagayeshi en comptant les arrêts. Les coolies emportent des manteaux, et des provisions de bouche et ce qu'il faut pour se garantir des moustiques au

* V. Nitobe, page 5.

cas où on devrait passer la nuit dans une des stations. Il faut moins d'une heure pour descendre du sommet jusqu'à la partie boisée, et cette descente dans les scories et les cendres nécessite l'emploi des *waraji*, espèce de chaussons de paille qui garantissent les bottines du voyageur. En été, la neige fond jusqu'au haut de la montagne et l'on est même incommodé par la chaleur et la poussière.

En partant de Yokohama le matin on arrive aisément à la huitième station ou même au sommet avant la tombée de la nuit. On peut assister au lever du soleil, des bords du cratère, et rentrer à Yokohama dans la soirée.

Les frais de l'ascension en y comprenant le trajet par chemin de fer, aller et retour de Yokohama à Gotemba, les jinrikishas, le kago, les guides, les coolies, etc., ne se montent guère qu'à cinquante francs par personne. Plusieurs personnes voyageant ensemble pourraient facilement s'en tirer à moins.

A vingt milles de Kodzu on trouve Atami, ville très fréquentée, qui possède des eaux sulfureuses et un geyser bouillonnant sur le bord même de la mer. Assise dans sa baie, entourée de **ATAMI.** falaises et de montagnes en amphithéâtre, baignée par les flots majestueux du Pacifique roulant sur du sable d'or, Atami attire à elle les oisifs pendant la saison rigoureuse. Son climat exceptionnel lui a valu d'être le rendez-vous de la cour et des familles nobles de Tokio.

En quittant Atami on traverse les montagnes jusqu'à la station de Mishima, dans la grande plaine qui s'étend aux pieds du Fujiyama. On peut aussi atteindre Miyanoshita par un sentier.

En face de Yokohama, on trouve à Kanozan, un hôtel européen, récemment installé, le Yuyukwan, assez agréable en été à cause de son altitude. C'est de là que l'œil embrasse les " Quatre-vingt-dix-neuf vallées." Un bateau à vapeur quitte Tokio à huit heures du matin pour Kisaradzu, et de là on se rend au Yuyukwan en jinrikisha.

VII.

Le chemin de fer de Yokohama à Tokio longe la baie de Yeddo pendant dix-huit milles. (En première 70 sen, billet **À TOKIO.** d'aller et retour 7 francs en première). Il y a des trains toutes les heures, mais on peut trouver l'heure exacte des départs dans les journaux. A moitié chemin de Tokio on trouve Omori, où l'on peut s'arrêter et prendre le jinrikisha pour se rendre aux Temples d'Ikegami, à un mille et demi plus loin. Ce sont les temples de la secte des Nichiren. Les fêtes annuelles, appelées *matsuri*, ont lieu le 12 et le 13 Octobre et offrent un spectacle

PRÊTRE BOUDDHISTE.

unique au Japon. De toutes les cérémonies religieuses du pays, ce sont les plus populaires et les plus pittoresques. Elles ont été décrites ailleurs.*

Le train s'arrête à la station de Shimbashi après avoir traversé le faubourg Shinagawa. A gauche en sortant, le voyageur trouvera les jinrikishas. Il est préférable de payer son jinrikisha d'avance au bureau en haut de l'escalier, afin de s'éviter les désagréments d'une contestation avec les coureurs. Le tarif est de 3.75 francs par jour, mais un pourboire est ajouté ordinairement lorsque les courses de la journée ont été longues. Tous les coureurs savent où mener le touriste qui veut *maru maru*, voir ce qu'il y a à voir, mais Sanjiro est le plus connu et peut choisir ses clients, à cause de sa connaissance de la langue anglaise.

Le club et les hôtels de Seiyoken, dans le district de Tsukiji, près de la gare, l'hôtel Impérial et celui de Tokio sont tous tenus à l'européenne. Il en est de même du restaurant de Senyentei dans le parc Shiba et de celui de Seiyoken dans le parc Uyeno. On peut déjeuner ou prendre le thé chez Fugetsudo, le restaurateur et confiseur qui est près de la gare.

CERCLES, HÔTELS ET TEMPLES.

L'Ambassade anglaise est à Kojimachi et l'Ambassade des Etats-Unis est à Azabu, à l'ouest du Parc Shiba. En même temps que son passeport, le touriste peut obtenir du chargé d'affaires des billets d'entrée pour les jardins de Hama Rikin, qui appartiennent à l'empereur et où l'art des jardins a été poussé à ses dernières limites. Par l'entremise de l'ambassade on peut aussi obtenir la permission de visiter les fameux jardins du vieux Mito Yashiki, maintenant l'Arsenal, permission qu'accorde le Ministre de la Guerre. Le palais impérial de Tokio n'est pas ouvert aux visiteurs ; son pont de marbre n'est franchi que par les fonctionnaires de l'Etat. On peut cependant obtenir l'autorisation de visiter le Palais Impérial et le Château de Nijo à Kioto et le vieux château de Nagoya.

* "Jinrikisha Days in Japan," par Eliza Ruhamah Scidmore, page 134. New York: Harper and Brothers, 1891.

Les temples funéraires des Tokugawa Shoguns aux parcs de Shiba et d'Uyeno sont des modèles d'architecture et d'art décoratif, que l'on ne doit pas oublier de visiter. On donne vingt-cinq *sen* au prêtre qui vous conduit à l'intérieur du temple et au tombeau de Hidetada, le Ni Dai Shogun, et autant à Uyeno. On ne doit pas oublier qu'il faut laisser ses chaussures à la porte des temples, ainsi que des salles intérieures des boutiques et des maisons de thé, dont les planchers vernis et les nattes si artistement tressées seraient irrémédiablement salis sans cette utile précaution. La tombeau de Hidetada est très beau, mais il ne vaut pas la chapelle mortuaire, le jardin et le tombeau de Roku Dai, le 6ème Tokugawa Shogun, à Shiba ; les portes de bronze du tombeau sont justement célèbres.

Au Temple d'Asakusa on ne quitte pas ses chaussures. C'est le temple bouddhiste préféré du menu peuple et il a été très bien décrit par Miss Bird, sous le titre de " Unbeaten Tracks in Japan." On y prie et l'on s'y amuse et les fidèles ont à leur disposition, moyennant finances, toute espèce de distractions. Les théâtres, les restaurants, les boutiques y abondent. Du sommet d'un Fujiyama en miniature et d'une réduction de la Tour Eiffel on a une vue d'ensemble de la ville qui compte une population d'un million et demi. On a aussi d'excellents points de vue du Rond Point du parc Uyeno, et des maisons de thé d'Atagoyama près de Shiba, et du mont Kudan. Il y a constamment des expositions de fleurs à Asakusa.

Il y a trois musées impériaux au parc Uyeno et un bazar pour la vente des marchandises fabriquées à Tokio, que l'on devrait ne pas négliger de voir. Il y a aussi un jardin zoologique, d'où l'on peut se rendre au jardin botanique en passant devant l'Université Impériale.

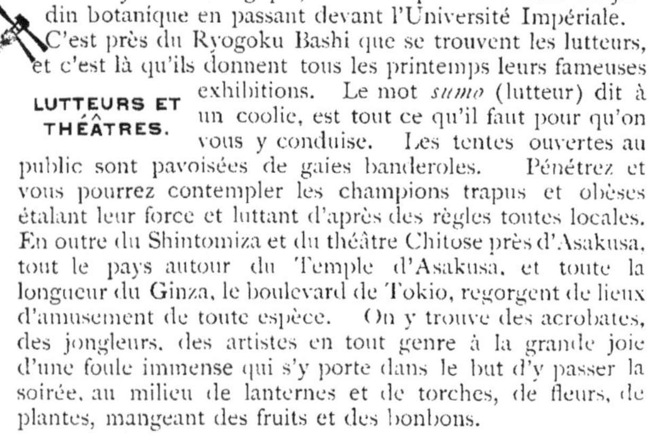

C'est près du Ryogoku Bashi que se trouvent les lutteurs, et c'est là qu'ils donnent tous les printemps leurs fameuses exhibitions. Le mot *sumo* (lutteur) dit à un coolie, est tout ce qu'il faut pour qu'on vous y conduise. Les tentes ouvertes au public sont pavoisées de gaies banderoles. Pénétrez et vous pourrez contempler les champions trapus et obèses étalant leur force et luttant d'après des règles toutes locales. En outre du Shintomiza et du théâtre Chitose près d'Asakusa, tout le pays autour du Temple d'Asakusa, et toute la longueur du Ginza, le boulevard de Tokio, regorgent de lieux d'amusement de toute espèce. On y trouve des acrobates, des jongleurs, des artistes en tout genre à la grande joie d'une foule immense qui s'y porte dans le but d'y passer la soirée, au milieu de lanternes et de torches, de fleurs, de plantes, mangeant des fruits et des bonbons.

LUTTEURS ET THÉÂTRES.

Voici ce qu'en dit Percival Lowell : "Ce peuple artiste façonne d'un goût étrange toutes ses productions. Tout le long du Boulevard de Tokio, le voyageur peut admirer l'ingéniosité des **MAGASINS JAPONAIS.** Japonais, jusque dans les objets les plus usuels. Le soir les boutiques sont éclairées par des torches dont les couleurs étranges varient du jaune au rouge sanglant. Vous vous laissez attirer par le spectacle et en pleine lumière vous trouvez étalés à vos yeux une profusion d'objets qui vous arrachent des cris d'admiration. Vous pouvez difficilement vous en détacher, car tout semble être à votre portée, vous n'en êtes pas séparé par des glaces qui tout en vous les montrant semblent vous les refuser. Tout d'abord ces amas d'objets vous paraissent de purs bibelots, mais vous apprenez bien vite que ce sont là des objets d'usage journalier. Devant une boutique en plein vent vous tomberez en extase devant des porte-monnaie en cuir artistement décorés de dessins en couleurs, qui vous tenteront au point que vous en achèteriez plus que vous n'en pourriez jamais remplir. Devant toutes ces merveilles vous oubliez vos idées d'économie et vous vous laissez aller à une folle dépense.

Si vous vous tournez du côté des tentes pour échapper à la tentation, vous ne faites que vous jeter dans la gueule du loup, car là, la séduction est irrésistible. Vous vous trouvez dans un milieu étrange éclairé par des torches fumeuses," jetant de sombres lueurs sur la figure du grotesque marchand, qui avec politesse vous débite son boniment. Vous apercevez tout d'un coup une collection de laques ou d'ivoires sculptés si curieux, que vous êtes tenté de les acheter en bloc. Tout autour de vous s'agite, passe, rit et cause bruyamment une foule d'hommes, de femmes et d'enfants habillés de costumes bizarres, voyants et pittoresques. Vous suivez le courant et vous ne quittez le spectacle que pour rentrer, tard dans la nuit, à votre hôtel, où tout cela vous apparaît comme un rêve."*

On fête le printemps d'une façon spéciale lorsque les cerisiers sont en fleurs et que le Parc Uyeno et la route de Mukojima sont littéralement transformés en un colossal bouquet odoriférant.

Nous n'avons aucune idée en Europe d'une pareille **FÊTES À TOKIO.** magnificence, et c'est une des choses rares que le touriste doit forcément voir, dût-il retarder son départ. Celui qui voudrait se rendre jusqu'à Hori Kiri vers la mi-juin, lorsque les iris sont en fleurs, ne regretterait ni son temps, ni sa peine. L'ouverture de la navigation est le prétexte d'une charmante et pittoresque fête vers la fin juin, à laquelle on ne devrait pas manquer d'assister.

Les trois jours de fête officielle sont le jour de l'an, le jour de la Déclaration de la Nouvelle Constitution, le 11 février, et l'anniversaire de la naissance de l'Empereur, le 3 novembre. Il y a ces jours-là des représentations à la Cour, des revues militaires, et les maisons sont pavoisées et illuminées.

Au mois de mai on célèbre la fête wistaria au Temple de Kameïdo, où de vieilles vignes ont des fleurs de trois et quatre pieds de long. D'énormes poissons dorés de plus d'un mètre habitent le lac du temple et pour les voir on n'a qu'à frapper des mains et leur jeter des gâteaux. Du restaurant de Seiyoken à Uyeno on aperçoit des hectares de lotus

* "The Soul of the far East," page 114.

en fleurs aux mois de juillet et d'août, et dans les jardins d'Iriya on peut voir de merveilleux volubilis.

L'exposition de chrysanthèmes a lieu au mois d'octobre dans le quartier de Dangozaka. Cette extraordinaire exposition de fleurs aux **EXPOSITION** dimensions énormes est une des choses les plus mer- **DE CHRYSAN-** veilleuses du Japon. Voici ce que dit Percival Lowell **THÈMES.** de cette fleur : " Sa forme symétrique la rend propre à symboliser la haute perfection que le Mikado, fils du Ciel, est censé posséder. Elle représente aussi la plénitude de l'année, par sa forme

arrondie et ses nuances si variées. Elle rappelle parfois la roue d'un char, dont les pétales seraient les rayons, parfois une sphère de feu, avec ses langues de flamme, parfois elle forme comme le centre d'une médaille fantastique, parfois le soleil d'un feu d'artifice dans une fête de fleurs."

On trouve des marchands de bric-à-brac et de curiosités dans toute la ville, mais spécialement au Nakadori et au Nishi-Nakadori.

On peut charger un guide de commander un dîner japonais dans une maison de thé. Il engagera aussi des prestidigitateurs, des danseuses et des chanteuses (*maiko* et *geisha*) pour égayer le repas.

On peut se procurer à Yokohama et à Tokio du papier de mûrier légèrement teinté, chez les agents de la manufacture de l'Etat Insatsu-Kioku à Oji. Le papier à tapisserie, imitant les plus riches cuirs frappés, est fabriqué à la manufacture Insatsu-Kioku, contiguë au Ministère des Finances, mais il est tout expédié à l'étranger.

Il n'y a pas de promenade consacrée où le monde élégant de Tokio se donne rendez-vous, pour les belles après-midi. Il n'y a ni boulevard attitré ni Bois de Boulogne. L'Empereur, accompagné de sa maison, fait de fréquentes sorties dans la ville, et assiste chaque printemps et chaque automne à la revue des troupes sur le champ de manœuvres d'Aoyama ou d'Hibiya. Il y a aussi deux fois par an, à Kudan et à Uyeno, des courses, où le monde élégant et du sport abonde.

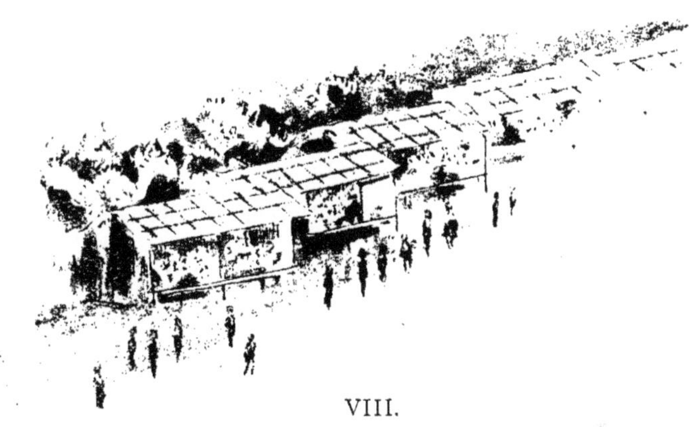

VIII.

On se rend de Tokio à Nikko en chemin de fer, en cinq heures. C'est à Nikko que l'on trouve les temples les plus somptueux et en été la ville regorge de monde attiré par la fraîcheur de ses montagnes. En revenant de Nikko en jinrikisha jusqu'à Utsonomiya, on parcourt une avenue de trente kilomètres bordée de très vieux arbres.

Le voyageur a le choix entre l'Hôtel Suzuki, le nouvel Hôtel Nikko, près des temples, et les Hôtels Araï et Kanaya, dans la partie supérieure de Nikko. On peut visiter dans la même journée les deux grands temples et les tombeaux des Shoguns, Iyeyasu et Iyemitsu. Suivez la route ombragée qui fait le tour de la colline sacrée, traversez la rivière sur le pont en suivant le chemin qui conduit aux vieilles statues sur le bord de la rivière, arrêtez-vous au Pont Rouge sacré, et achetez quelque bibelot dans les curieuses boutiques du village.

On paie un droit à l'entrée de chaque temple. Une vingtaine d'écrivains ont essayé de décrire ce que le Docteur Dresser appelle, " des merveilles de couleur comparables à l'Alhambra dans ses beaux jours, mais cent fois plus intéressantes que le palais de Grenade."

Qu'il nous soit permis de citer encore Percival Lowell :

" A l'extrémité s'élève une construction, dont la magnificence surpasse tout ce qu'on peut imaginer. A vos pieds commence un escalier
en marbre blanc qui mène à une terrasse dont la balustrade est sculptée
à jour dans sa partie supérieure. De cette terrasse on a accès à une
série d'édifices dont les formes et les ornementations sont un vrai plaisir
pour les yeux. L'ossature, pour ainsi dire, est composée de douze
colonnes de bois, blanc comme la neige, et à moitié recouvertes de
bronze, et disposées sur quatre rangées. L'espace entre les colonnes
du centre est libre. Les colonnes latérales sont reliées entre elles par
des grillages en bois et en bronze, formant à l'extérieur deux compartiments à droite et à gauche de l'entrée dans lesquels se tiennent le
gardien Nio et deux démons géants Gog et Magog. Les chapiteaux
sont remplacés par une frise décorée de lions chinois, qui court au-
dessus des colonnes. L'entablement est remplacé par des rangées de
motifs décoratifs s'étageant les uns au-dessus des autres en saillie et
supportant un balcon qui entoure tout le deuxième étage. Une profusion d'ornements décore ce balcon dont la rampe est couverte de
lions bruns. Le deuxième étage est tout aussi riche en sculptures. Il
est composé de douze colonnes, dont l'intervalle est garni de panneaux
sculptés, sur lesquelles reposent de nouvelles frises, minutieusement
ouvragées et de couleurs riches et variées, parsemées encore de lions.
Il serait impossible de décrire en détail toutes les beautés d'une si
étonnante œuvre d'art, dont la ligne et la couleur toujours si harmonieuses constituent un ensemble vraiment merveilleux. Et lorsque
après ce premier étonnement, vous poussez plus avant et pénétrez dans
la nef centrale, vous vous apercevez que tout cela n'est qu'un vestibule.
Ebloui par la splendeur de cette architecture, vous avez cru être dans
le temple même quand vous l'apercevez plus loin, encore plus éblouissant. De caractère identique il diffère de la partie que nous avons
décrite par une plus grande richesse d'ornementation. Mais comment
faire comprendre la beauté d'un visage en en détaillant les traits !
Tout, depuis les briques de son parquet jusqu'au faîte de son toit retombant gracieusement comme une draperie, tout est digne d'abriter
la majesté d'une princesse orientale entourée de sa cour pour quelque
solennelle cérémonie.
" Prenez, maintenant, ce sentier semé de petits cailloux, montez quelques marches et vous vous trouverez sur le seuil, où vous laissez vos
chaussures, avant de pénétrer dans la demi-clarté du sanctuaire. La
richesse de l'extérieur semble s'évanouir devant les merveilles que vous
trouvez à l'intérieur du Temple. Les bronzes, les laques, les métaux
précieux couvrent les murs et les plafonds avec une telle profusion,
qu'il semble que se soit la floraison d'art d'une atmosphère tropicale,
surabondante de sève, et en plein épanouissement."
Citons encore un passage du Docteur Dresser : " Je suis fatigué de
tant de merveilles. Je suis las aussi de les décrire, car je sens l'impuissance des mots à exprimer tout le mérite artistique de l'œuvre,
l'originalité, la bizarrerie de la décoration, la richesse et l'harmonie de
toutes ces couleurs, la splendeur de tout ce qui m'entoure. Et cependant je crains que malgré mon enthousiasme d'architecte et d'ornemaniste, ma description ne puisse donner même une très faible idée de
tant de merveilles."

Des milliers de pélerins viennent en été à ces sanctuaires et c'est en septembre qu'ont lieu les *matsuri*.

On peut faire une charmante excursion à pied ou à cheval au lac Chiuzenji, qui est à douze kilomètres de Nikko. De l'autre côté du lac, que l'on peut traverser en bateau, on trouve à une dizaine de kilomètres Yumoto, où on peut passer la nuit et revenir à Nikko le lendemain pour revoir les temples une seconde fois. Cette deuxième visite n'est pas superflue et ne peut que fortifier l'impression de leur magnificence.

Le voyageur que l'industrie de la soie intéresse devra, en revenant de Nikko, s'arrêter à Oyama, et prendre le train pour Maebashi, d'où en

PORTE INTÉRIEURE DU TEMPLE IYEMITSU, NIKKO.

prenant un jinrikisha, il arrive au bout de dix kilomètres à Ikao, centre de la région séricicole de Joshu. On y trouve des hôtels européens excellents, et des bains chauds d'eau minérale fréquentés par la bourgeoisie japonaise, qui y fait ses cures restant des journées entières dans l'eau, écrivant, jouant et mangeant sur des tables flottantes. La rue du village est pleine de boutiques où l'on vend des ustensiles en bois, et on y trouve d'excellentes pâtisseries. Les alentours offrent de superbes points de vue et de délicieuses excursions. Un bon marcheur qu'une distance de cent-dix kilomètres n'effraierait pas, peut avec un guide rentrer à Nikko à travers les montagnes, mais il ne doit pas emmener de femmes.

La culture du riz s'étend partout dans les alentours des villes, le long des routes et des chemins de fer, et l'on se familiarise vite avec les rizières submergées, les tiges vertes s'étalant par bandes immenses, ou les meules de riz mûr aux épis festonnés.

Les plantations de thé se voient sur tout le parcours du chemin de fer de Tokaido et au sud de Kioto. La préparation des feuilles de thé et sa mise en boîte pour l'exportation sont intéressantes à voir à Yokohama ou à Kobé.*

En allant en chemin de fer d'Awamori à l'extrémité nord de l'île jusqu'à Hokodate, le touriste se trouvera à proximité des villages d'Aino, où les derniers représentants des anciennes races du Japon se sont réfugiés.

IX.

Le voyageur faisant le trajet entre Tokio et Kioto, peut en prenant le train de bon matin arriver à destination le même jour vers minuit, ou, s'il préfére faire arrêt pendant ce long trajet, passer la nuit à Shidzuoka ou Nagoya et visiter ces importants **SHIDZUOKA.** chefs-lieux. Il n'y a pas de wagons-lits, et dans la saison d'été il n'est pas toujours facile d'avoir une banquette à soi tout seul pour y passer la nuit. A Shidzuoka, l'hôtel est en face de la gare. Il y a un vieux temple intéressant à voir, ainsi que les ruines d'un vieux château entouré de fossés. Les touristes sont assaillis par des marchands de délicieux paniers d'une légèreté incroyable, dont cette ville a la spécialité.

Le trajet en jinrikisha, de la station de Nagoya à l'Hôtel Etranger, situé au cœur même de la ville, prend vingt minutes. Le grand tremblement de terre d'Octobre, 1891, tordit tellement les poutres de l'escalier conduisant au château, que les **NAGOYA.** visiteurs, pendant un certain temps, se virent dans l'impossibilité de monter les escaliers et de jouir de la vue du panorama de la plaine et de la baie d'Owari. Le temple bouddhiste et la manufacture de cloisonné sont les principales vues intéressant le touriste, et les rues et les magasins présentent des scènes de la vie sociale japonaise non encore affectées par les progrès de la civilisation étrangère. Quiconque a à cœur d'étudier le pays et le peuple japonais devra nécessairement abandonner la grande route à Nagoya, et, traver-

* Voir: Jinrikisha Days in Japan, pages 350-58.

sant la baie à Yokkaichi, faire un pèlerinage au sanctuaire sacré de Ya-
mada en Ise, le berceau et le reliquaire du culte Shinto. Tout l'été
des pèlerins dévots se rendent portant des bâtons munis de grelots à
travers les bosquets sacrés d'Ise, et la plus grande partie du vieux Japon
se meut dans cette province.

X.

Les ports d'escale réguliers des steamers du Pacifique Canadien sont
Yokohama, Kobé, Nagasaki, Shanghaï et Hong Kong. Le touriste
peut se rendre par le steamer local à Kobé et par la
À KOBÉ. Mer Intérieure à Nagasaki. Vingt-quatre heures après
leur départ de Yokohama ces steamers entrent dans
la Mer Intérieure et viennent jeter l'ancre à Kobé, la colonie étrangère
attenante à l'ancienne ville de Hiogo. Le touriste peut aussi se rendre
à Kobé d'une manière plus rapide en prenant le chemin de fer de Tokaido, où il peut descendre à Nagoya, traverser le Lac Biwa, visiter
Kioto, Nara et Osaka avant de reprendre le bateau.

Kobé-Hiogo, le second port d'exportation de l'Empire, a actuellement
une population dépassant 90,000 âmes, est fort pittoresque et, la nuit,

CHATEAU DE NAGOYA.

44

le port et les collines semblent comme
illuminés à dessein. L'Hôtel Hiogo,
situé sur la Falaise, l'Oriental, l'hôtel
des Colonies et l'hôtel du Club Allemand sont tenus à la mode étrangère.
Les Consulats, banques et agences
d'expédition se trouvent tous dans la
Colonie, entre le Hatoba et la station de
chemin de fer. Le Kobé Club est situé
sur les terrains des Jeux ou parc étranger,
juste derrière de la Douane. Le Club
Nautique est situé plus à l'est, faisant
face à la Baie, et a un bassin de natation,
chambres de toilette et hangars à
bateaux.

Les principales vues de la ville sont
le temple de Nanko, le temple de
Nofukuji avec sa colossale statue de
Bouddha, et le temple de Shinkoji dans
Hiogo ; le temple d'Ikuta, les chutes de
Nunobiki, et le lit soulevé de la rivière,
le Minatogowa avec son parc et le terrain des jeux pour la population
japonaise.

La Motomachi, ou rue principale, est une ruelle délicieuse sous le
rapport de l'attraction que présentent ses magasins.

Arima est un village montagneux à seize milles à l'intérieur, où se
fabrique la plus grande partie des paniers de bambou destinés à l'exportation. Arima a aussi des sources minérales et est une station
thermale fort à la mode où se rendent les malades et les rhumatisés.
Hideyoshi lui a donné cette vogue il y a plusieurs siècles. Ses rues
pittoresques et ses environs, ses magasins et ses ateliers fournissent assez
d'intérêt pour qu'on y passe une journée entière à les visiter. En retournant à Kobé, le voyageur peut prendre un *kago* ou marcher jusqu'au sommet de Rokusan, et de là, jouir du magnifique panorama que présentent
la montagne, la mer et la plaine, descendre les hauteurs abruptes qui
conduisent à la station de Sumiyoshi et prendre le train à cinq milles
de Kobé.

Par chemin de fer Osaka est distante de vingt milles de Kobé. Les
trains partent de bonne heure pour Osaka et à de plus longs intervalles
pour Kioto, qui est à une distance de vingt-sept milles d'Osaka.

Le voyageur peut visiter cette seconde ville de l'empire, commuué-
ment nommée la Venise, le Glasgow ou le Chicago du Japon. Anté-

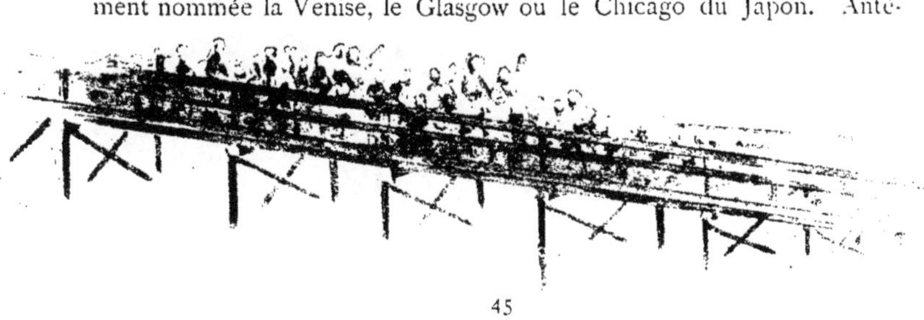

rieurement elle était la capitale
militaire. La plus grande partie
de l'histoire du Japon s'est passée dans l'enceinte de
son château ; et même des écrivains étrangers ont
fait connaître ses chroniques.*

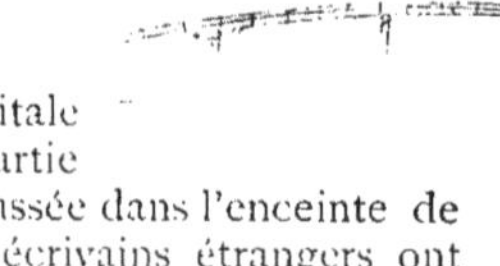

Les derniers actes du Shogunat se jouèrent là, et,
avec la capitulation de 1868 commença la Restauration. Ses 361,694 habitants, ses trois cents ponts,
ses grands temples, ses ateliers et ses manufactures
de coton, font l'orgueil de ses citoyens aisés.

En un jour, le voyageur peut facilement visiter ses
attractions les plus intéressantes : le Château, le temple
de Tennoji et la Pagode, la Monnaie, l'Arsenal, le
temple de Hongwanji, le " Hakku Butsu," ou bazar
commercial, la rue des théâtres, et les grands magasins de curiosités. Le
" Hakku Butsu " est ouvert de nuit, et comme toutes les manufactures
et les magasins de la ville sont concentrés à ce même endroit, l'on peut
passer en revue tout Osaka industriel à la lumière électrique. Le
bazar labyrinthe constitue les délices des Japonais, et ils aiment à suivre
ses tortueux méandres sans manifester la moindre velléité de s'en retourner.
Il y en a de petits ne portant aucun numéro aux alentours de chaque

* " L'Usurpateur. Récit du Siège du Château d'Osaka." Par Judith Gautier. Paris.

PIN ORIENTAL AU KINKAKUJI, KIOTO.

théâtre, et chaque ville possède un bazar sous le contrôle du gouvernement, où les marchandises sont marquées en gros chiffres et vendues moyennant une petite commission. On y trouve tous les objets utiles ou de fantaisie, les nécessités et les choses de luxe, les inventions nouvelles, les antiquités, des curiosités et bien d'autres objets qu'il est impossible de se procurer ailleurs.

Les grands magasins contiennent les soieries les plus riches qui soient fabriquées tant à la main qu'au métier, mais la fabrication se fait à la manière japonaise, très amusante pour quiconque a le temps d'attendre, mais à rendre furieux le touriste pressé, ayant à compter le temps d'après son itinéraire ou sa montre.

L'hôtel Jiutei, situé sur une île dans la rivière, logera et réconfortera le touriste d'après le système européen.

LA MAIKODORI — DANSE DES FLEURS DU CERISIER À KIOTO.

XI.

Nul voyageur ne manque de visiter Kioto, l'âme et le centre, le cœur même du vieux Japon, et la ville la plus fascinante de tout l'Empire.

Il est possible de se rendre à Kioto par le train du matin, visiter plusieurs temples, faire une collation à Yaami, visiter le Palais et le Château, faire quelques achats, et retourner au bateau vers le soir, si l'on a un bon guide et si l'on n'a que le **KIOTO.** temps de séjourner un seul jour. Les guides de profession sont enregistrés aux hôtels de Kobé et à défaut de pouvoir s'en procurer un, le touriste peut télégraphier à Yaami d'envoyer un " boy " parlant anglais au train de Kioto. Il peut visiter les deux temples de Hongwanji, ceux de Dai Butsu et de Chion-in avant de se rendre à l'hôtel dont les propriétaires étaient autrefois guides et connaissant parfaitement ce que le touriste désire ou a besoin de voir, peuvent le mettre immédiatement en mesure de tout visiter. L'hôtel Kioto, bâti sur la plaine unie de la cité, est aussi tenu à la mode étrangère, mais

Yaami est un terrain historique —
une des institutions du Japon — et chacun cherche l'abri de ses véran-
dahs pour jouir du panorama de la ville. Chaque monastère contient
des peintures fameuses et des écrans. Le monastère
TEMPLES. de Kinkakuji est fameux par un ancien pin en forme
de jonque placé dans une de ses cours ; et celui de
Ginkakuji tient la première et la plus ancienne maison à thé cérémoniale
du Japon.

Chaque visiteur devrait parcourir les deux rues enchanteresses de la
Colline du Pot à Thé : l'une, une ruelle d'un demi mille de long conduisant au temple de Kiodmizu et où se trouvent des magasins de
chinoiseries ; l'autre conduisant au temple de Nishi Otani. En
route le voyageur ne devrait pas manquer de visiter l'allée passant
par le bosquet de bambous qui joint les deux rues, aussi l'escalier
garni de magasins qui le conduit jusqu'au pied à la pagode de
Yasaka.

Une des excursions favorites est celle de Takao, sur
la Oigawa, où le voyageur prend le bateau plat qui
saute les rapides de cette rivière et continue son
excursion en jinrikisha jusqu'à Arashiyama, un faubourg au sud-ouest de Kioto. Si elles ne sont pas trop
nombreuses, les jinrikishas peuvent être prises dans le
bateau et l'on peut louer un autre bateau. Le taux est
de trois ou quatre *yen* pour chaque bateau, et la
traversée ne prend pas plus de deux heures.
Un goûter peut être emporté de l'hôtel, ou le
touriste peut prendre une collation à la maison
à thé de Arashiyama. Arashiyama est le
synonyme à Kioto, de cerise fleurie, et toutes

les geishas de l'empire éxécutent une danse représentant la floraison des cerises de la Oigawa. En avril ces collines rivalisent en beauté avec les déclivités rosées de Maruyama où cet énorme cerisier au pied de l'allée de Yaami a attiré depuis trois cents ans des foules de pieux pèlerins. Pendant sa floraison, il y a de grandes fêtes de gala, et la grande fête dansante, la Maikodori, se tient autour de l'école des geishas.

Le visiteur peut maintenant se rendre en chemin de fer jusqu'à Nara. Nara est à une distance de 26 milles, les routes sont bien entretenues, la contrée pittoresque, les chemins pleins d'intérêt et tout le terrain historique. Quand les cerisiers fleurissent une visite à Nara ne devrait jamais être omise. Les routes traversent en tous sens le fameux district théifère de Yamashiro et Uji, la ville principale. est toujours embaumée par les parfums de la feuille odoriférante. Le temple de Phénix près d'Uji a été reproduit en 1893 à l'exposition de Chicago. La maison à thé de Musashino sur la hauteur entre les deux temples, et en ville, la Oya, sont les deux meilleures maisons à thé de Nara, et il s'y trouve aussi un hôtel tenu suivant le style étranger.

Le temple de Dai Butsu contient une statue de Bouddha haute de cinquante-trois pieds et demi, et dans le temple de Kasuga les jeunes prêtresses Shinto exécuteront leur danse sacrée après que le visiteur aura au préalable fait un don au temple de la valeur d'un *ren* ou plus. Les daims domestiques errent autour du terrain avoisinant le temple, et

NARA.

PONT VOLANT SUR LE NISHNI GAMA (RIVIÈRE BROCADE), PRÈS DE IWAKUNI, JAPON.

49

même dans le village ; si on les appelle ils viendront manger dans la main du premier venu.

Il y a une ligne de chemin de fer de Nara à Osaka, et modifiant son itinéraire, le voyageur possédant un passeport pour Nara, peut se rendre d'Osaka et en un peu plus d'une heure, arriver aux terrains sacrés du temple et leur consacrer une visite de deux ou quatre heures ; et si le guide s'est muni d'un tiffin, prendre une légère collation dans l'une de ces pittoresques *tateba* ou hangars à thé placés parmi les vieux arbres et les lanternes.

PORTE D'EAU AUX TEMPLES DE MIYAJIMA — MER INTÉRIEURE.

XII.

La rapidité du voyage n'est d'aucune considération pour le trajet entre Kobé et Nagasaki, distance de 389 milles. La route passe à travers et parmi les îles de la Mer Intérieure, la plus pittoresque étendue d'océan renfermé ; une région idéale, poétique, où les hauts steamers semblent flotter comme par enchantement, et toute l'étendue de la mer, des cieux et des rives semble un rêve. Silencieusement le bateau enfile les passes les plus étroites ; des jonques à voiles carrées flottent à

ses côtés, villes, villages, châteaux, temples, forêts. vallées cultivées
et hauteurs recouvertes de plateaux, pics abruptes et chaînes de
montagnes aux déclivités profondes se succèdent les uns
après les autres pendant toute une journée.

Le chemin de fer de Kobé à Hiroshima, la station
navale de la Mer Intérieure est complètement terminé ;
tout près se trouve l'île sacrée de Miyajima, avec ses *torii*
bâties au loin dans l'eau, ses rives garnies de lanternes en
pierre et ses daims domestiques vaguant parmi ses bosquets de bambous entrelacés comme à Nowa.   Personne
n'est né ni mort sur cette île sacrée, et dans les matsuris ou fêtes d'été
qui s'y donnent il y a un déploiement de lanternes d'un pittoresque qui
n'est égalé par nul autre lieu de pélérinage.

Ceux qui veulent naviguer sur cette mer enchantée, peuvent aisément affréter à Kobé de petits steamers, pouvant accommoder de cinq
à dix personnes, pour une somme variant de 50 à 60 dollars par
semaine, l'affréteur doit naturellement fournir le charbon et les provisions. Six semaines sont généralement nécessaires pour faire une
croisière à travers la Mer Intérieure mais, de nos jours, les
bateaux touristes accomplissent leur croisière dans l'espace
d'une quinzaine.

A Shimonoseki, le bateau entre par la dernière passe étroite,
pendant un court espace en plein océan, après quoi il reprend
sa route à l'intérieur, derrière une
chaine d'îles. Des bateaux pêcheurs **À NAGASAKI.**
sillonnent les eaux, des villages et
des champs en terrasse brisent les contours que
forment les rives, et le " Arched Rock " est toujours en évidence. Le bateau enfile un étroit
canal et passe le long " fiord " jusqu'à Nagasaki, dont
le hâvre rivalise en pittoresque avec Sydney et Rio
de Janeiro. Des navires de guerre y sont toujours à
l'ancre, et le port est toujours en pleine activité. Les
sampans de Nagasaki se rapprochent beaucoup des
gondoles, et leurs cabines recouvertes sont nécessitées par
les fréquentes pluies qui tombent dans cette région.   Les paquebots y
font leurs approvisionnements de charbon, et accordent toujours à leurs
passagers le temps de visiter la ville et la montée couverte de temples.

Le nouveau Nagasaki est bâti sur le Bund, les hôtels de Bellevue et
Smith sont près du Hatoba, le Club est sur le Bund, au pied de la
montée réservée aux résidents étrangers.

Le O'Suwa est le grand temple et est entouré d'un parc public. Tout près se trouve le bazar général, une réduction de la grande agglomération industrielle d'Osaka, et il y a nombre d'établissements similaires dans la ville. Le bazar aux porcelaines, le Koransha, ou Deshima bazar, est établi dans les bâtiments érigés par les Hollandais à une époque reculée, quand ils étaient comme prisonniers dans cette île murée et dont l'accès était défendu par des ponts—le tout pour conserver le monopole du négoce. Les porcelaines manufacturées à Arita, dans cette même province de Hizen, sont apportées à Deshima en jonque, et il est possible de faire choix de magnifiques dessins qu'il est rare de rencontrer sur les marchés étrangers.

La sculpture et le façonnement des objets en écaille occupent beaucoup d'artisans, et l'on peut voir nombre d'ateliers où les ouvriers sont activement engagés aux sciage, coupage, sculpture et polissage de l'écaille. Beaucoup d'imitations sont offertes au novice, mais l'on peut choisir soi-même son écaille et surveiller les commencements de son travail, et, si on prolonge son séjour dans la ville, en suivre les progrès journaliers.

Pierre Loti a décrit d'une manière charmante dans son ouvrage "Mme Chrysanthème," beaucoup de scènes intimes de la vie à Nagasaki et ses lecteurs pourront constater par eux-mêmes la couleur locale qui règne dans cet ouvrage. À Nagasaki commence l'action de ce joli petit roman intitulé, " La Vision du Cerisier Fleuri."

Beaucoup de visiteurs ont été tentés de prolonger leur séjour à Nagasaki, de visiter les sources chaudes à quelques milles à l'intérieur, les bizarres petits villages disséminés le long de la côte profondément dentelée, et, par chemin de fer, le beau château de Kumanoto, et Kagoshima, chef-lieu de la province de Satsuma.

XIII.

À Nagasaki, le voyageur qui voudrait visiter le Nord de la Chine et une petite partie de la Corée, peut s'écarter de la route suivie par les steamers de la Compagnie du Pacifique Canadien. Il peut aussi s'embarquer là pour Vladivostock, le terminus du chemin de fer Trans-Sibérien, s'il préfère se rendre par voie de terre en Europe.

S'embarquant dans un des steamers du Nippon Yusen Kaisha il peut visiter Fusan et Gensan sur la côte est de la Corée, et, faisant arrêt à Chemulpo, prendre la nouvelle ligne de chemin de fer, se rendre à la capitale de la Corée, Séoul, distante de vingt-six milles à l'intérieur. Il y a là un hôtel japonais tenu à la manière étrangère — le " Dai Butsu " — à Chemulpo. Le propriétaire se charge de l'itinéraire et confie le touriste aux soins de la maison à thé japonaise de Séoul.

Les curiosités de Séoul, à part le spectacle que présentent ses rues pittoresques, sont peu nombreuses et éloignées les unes des autres. L'on peut visiter les huit portes insérées dans les murs

À SÉOUL. de la ville et qui sont la reproduction en miniature des portes et des murailles de la ville de Pékin — les portes du palais, la pagode de marbre et le beffroi de la ville. Dans l'enceinte des murs au nord-ouest se trouve une statue de Bouddha en relief; au sud-ouest le temple et le tombeau de la reine Chung ; le

temple du dieu de la guerre chinois se trouve dans le même faubourg, et
le village occupé par les prêtres bouddhistes est situé au nord-est de
la ville. Il est possible, parfois, d'obtenir du Ministère des Affaires
Étrangères la permission de visiter le palais abandonné dont les
constructions négligées et le terrain des jeux donnent une idée de ce
qu'était autrefois le palais. A de rares intervalles le roi passe par les
rues de la ville, et la procession l'accompagnant est un spectacle d'un
autre âge — un cortège identique comme détails et ordonnance à ceux
du moyen âge.

Les rues sont malpropres, les maisons chétives et misérables, le
peuple pauvre, indolent et sans ambition aucune ; une race opprimée
et inintelligente, qui depuis des siècles paie un tribut au
Japon et à la Chine pour avoir la paix. De Chemulpo   **CHEFOO.**
les steamers se rendent à Chefoo, la station balnéaire et
la résidence d'été des étrangers en Chine, et le port principal de la province de Shantung.
    Des forts de Taku à l'embouchure de la rivière Peiho, Tien-Tsin est
distante de vingt-cinq milles en ligne directe, mais en suivant le cours
tortueux de cette rivière boueuse la distance est de soixante milles.
Débarquant à la rive nord à l'intérieur du fort, le voyageur est trans-

RUE DANS UNE VILLE CHINOISE.

porté par chemin de fer à Tien-Tsin, ou peut se rendre par chemin de
fer dans la direction opposée de Shanhaikwan, sur la côte, où la grande
muraille de Chine vient rejoindre les bords de la mer. Les hôtels du Globe
et Astor sont situés près des bords de la rivière à Tien-Tsin. Après
une visite à l'intéressante cité, aux murailles du yaamen du vice-roi, et
aux quelques rues de Tien-Tsin, le voyage à Pékin peut être entrepris.

Un guide chinois ou "boy" peut être engagé à l'hôtel, et comme
actuellement le chemin de fer parcourt les quatre-vingts milles qui
séparent Tien-Tsin de Pékin ses fonctions sont moin-
dres qu'aux jours où les barges faisaient le trajet, quand **PÉKIN.**
tous les voyageurs étaient obligés de faire comme Marco
Polo six siècles auparavant. Le "boy" est payé à raison de cinquante
cents à un dollar (mexicain) par jour, et nulle autre dépense ou gratification n'est faite, sauf le cadeau habituel donné au terme du voyage.
Le chemin de fer s'arrête en dehors des murs de la ville, et il y a un
trajet de trois milles soit en charrette ou en chaise à porteurs ou encore
à dos d'âne, jusqu'à l'hôtel de la rue de la Légation, traversant la ville
chinoise et passant par deux grandes barrières. Les voitures du railway
sont rudes et nues, dénuées de tout confort et toujours encombrées de
voyageurs chinois de toute classe qui fument constamment, et le service
donne aux étrangers matière à de nombreuses critiques.

Les charrettes sans ressorts de Pékin, trainées par des mules, avec leurs
roues cerclées de fer, procurent une nouvelle surprise au touriste, et traversant des routes à travers un sol mou ou boueux, suivant les saisons,
le rendent tout exténué et endolori au bout des trois milles de trajet.

A Pékin se trouve l'excellent hôtel de Pékin, tenu à la mode étrangère, où tout le confort possible est assuré, où toute information et
assistance sont données au visiteur, en échange de six dollars (mexicains)
par jour. Les légations étrangères sont situées dans le quartier de la
Cité Tartare, dans l'enceinte de la seconde muraille, et la Liu li Chang,
la rue des libraires, où les magasins de soieries et de curiosités et
autres magasins sont agglomérés et attirent les touristes, est située près
de la barrière.

L'on peut faire usage de billets de banque à Pékin, et les mandats et
chèques sont escomptés par les banques, mais autrement on paie
en "cash." Il faut de neuf à douze cents de ces pièces de bronze
percées d'un trou au milieu pour faire un dollar mexicain. Les prix
sont fixés en *taëls* ou *sycees*, ces derniers sont des petits blocs d'argent
dont la valeur est déterminée d'après le poids à chaque transaction. Le
taël a une valeur moyenne de $1.35 mexicain.

Dans nombre d'endroits, aux alentours des légations, l'on peut, en
donnant aux gardes un pourboire, monter sur la muraille, s'y promener
sans être dérangé et jouir du panorama des différents
quartiers de la ville. Dans l'enceinte de la première **SUR LA**
muraille et de l'extérieur, trente milles de circonférence, **MURAILLE.**
se trouve la ville chinoise ; dans l'enceinte suivante se trouve la ville
tartare, puis la Cité Impériale et la Cité de Pourpre Sacrée, où l'habitation de l'Empereur montre ses terraces recouvertes de tuiles jaunes au-
dessus des arbres du parc.

Dans les rues de Pékin, Chinois, Mandchous, Mongols du désert,
Thibétains, Coréens et chaque peuple de l'Asie se coudoient, chameaux

attelés, charrettes, litières trainées par des mules, chaises à porteurs et brouettes encombrent les chemins, et le bruit étourdissant, le pittoresque que présentent les rues, étonnent le voyageur, l'abasourdissent.

Les vues de Pékin diminuent en nombre chaque année, parce que les autorités ont interdit aux étrangers l'accès des divers points de vue. Le Palais d'Eté, situé en dehors des murs, détruit par les Français en 1861, est maintenant rebâti, et est fermé aux visiteurs. Le Temple du Ciel, où l'empereur fait ses dévotions annuelles, fut brûlé il y a quelques années, mais ses ruines et les autres temples dans l'enceinte du parc sont intéressants à visiter. Le Temple de Confucius, la Salle des Classiques et la salle des Examens, où les étudiants s'assemblent chaque année pour concourir pour l'obtention des honneurs et des diplômes, méritent aussi d'être visités. Le vieil observatoire sur les murailles, la mosquée Mahométane, le cathédrale Catholique et le collège, les différents établissements de missions étrangères et la Lamasène sont d'autres endroits à visiter. Il y a 1500 prêtres dans la Lamasène, et il faut non seulement payer pour être admis à la visiter, mais souvent payer pour en sortir. Le touriste en tous cas ne doit jamais s'aventurer sans être accompagné de son "boy" chinois.

Pour visiter la grande Muraille de Chine le voyage prend quatre jours, en revenant par le chemin où se trouvent les tombeaux des rois de la dynastie Ming. Le voyage se fait à dos de poney, ou en litière à mules, ces dernières peuvent être louées à raison d'un dollar et demi mexicain par jour. En dehors de Pékin les paiements se font en *cash*. Dans les auberges la chambre toute nue est fournie, le voyageur doit se munir de son lit et de sa nourriture. Le chinois paie 150 *cash* pour une nuit de logement, l'étranger paie habituellement 500 *cash*, y compris la gratification. Le voyageur a besoin de conclure un marché et de fixer les conditions avant d'entrer dans l'auberge, et le propriétaire se laissera bientôt fléchir si le voyageur se montre opiniâtre et ce avant qu'il se soit éloigné de quelques pas. A Nankow, où une excellente route conduit à la barrière de la Grande Muraille à la passe de Nankow, et à Kalgan et Cha Tao, les villages les plus voisins de la Grande Muraille, se trouvent d'excellentes auberges. On peut se procurer une charrette attelée de deux mules pour le transport des bagages et du domestique à raison de deux dollars mexicains par jour. Les magnifiques tombeaux des empereurs de la dynastie Ming sont visités généralement lors du retour de la visite de la Grande Muraille, de même que les temples situés sur les hauteurs où les légations étrangères ont leur résidence au milieu de l'été.

LA MURAILLE DE LA CHINE.

Le prix moyen de l'excursion de Tien-Tsin à Pékin, aller et retour, y compris le guide, charrettes, litières et une semaine de séjour à l'Hôtel de Pékin, est évalué à une centaine de dollars mexicains par personne. Le voyage à Pékin offre plus de nouveauté, de surprises et d'incidents que n'importe quel autre le long de la côte, et aucune personne qui peut disposer de deux ou trois semaines ne devrait manquer de l'entreprendre. Les meilleurs mois de l'année pour cette excursion sont mai et octobre, ce dernier tout particulièrement, car en été il fait une chaleur et une sécheresse intolérables, les hivers sont froids ; puis il y a aussi au printemps la saison des pluies, époque à laquelle les rues sont dans les conditions les plus défavorables.

XIV.

Quand les steamers de la Compagnie du Pacifique ont fait escale à Kobé et passé la Mer Intérieure, à une journée de distance de Naga-saki, à travers les eaux troubles de la Mer Jaune se montre une ligne brune et basse, l'arête extérieure, la bordure la plus éloignée de cet ancien et mystérieux continent asiatique ; le véritable Cathay. **DE YOKOHAMA EN CHINE.** Plus près encore, les arbres se montrent sur l'eau comme par un mirage, puis des mâts de navires et des traînées de fumée annoncent la rivière invisible déroulant ses méandres derrière ces arbres. Des jonques avec leurs voiles brunes lacées passent, de grands yeux peints sur leurs avants, car "Si je n'ai point d'œil, comment pourrais-je voir?" et leurs équipages mal-propres, au visage martial, porteurs de la queue traditionnelle, surgissent des litières de nattes et de bambous. Le long des rives se trouvent des villages aux murailles hautes, et les buffles aquatiques à la peau lisse se vautrent dans la boue qui les entoure. Les champs sont tellement par-semés de tombes rondes en forme de four qu'ils ressemblent à un gigan-tesque village de chiens de prairie, dans lesquels les travailleurs sont disséminés partout.

Les leviers de la station de signalement à l'embouchure du Yangtse-Kiang s'agitent, le télégraphe annonce la nouvelle de l'arrivée du navire à Shanghaï, et bientôt les chaloupes se détachent pour le rencontrer à la barre de Woosung. Ceci est la Barrière Céleste, que les Chinois ont rendue plus effective que jamais, durant la guerre avec la France en 1884, en submergeant des jonques chargées de pierres dans les chenaux, à l'exception d'un seul, fort étroit et peu profond. Il y a vingt ans un chemin de fer circulait de Woosung à treize milles de Shanghaï, mais les Chinois l'achetèrent à un prix fort élevé, brisèrent les rails et les jetèrent avec les locomotives dans la rivière.

Approchée de la rivière, la colonie étrangère, la plus importante de l'extrême Orient, la métropole commerciale du Nord de la Chine pré-sente une apparence imposante. Les constructions massives en pierre d'une hauteur de six étages s'alignent **SHANGHAI.** le long du Bund, et les constructions variées et impo-santes des consulats allemand et japonais sont alignées du côté de Hong-Kew, l'ancienne colonie américaine. De l'autre côté du pont jeté sur la crique se trouvent les jardins publics, le parc entourant le consulat britannique et le centre commercial de la cité. Plus loin, en face du pont, se trouvent les quais et les rues du quartier fran-çais, dont les enseignes bleues et blanches placées au coin de chaque rue semblent être des coins de Paris même.

L'hôtel Astor et l'hôtel des Colonies sont les principaux de la ville. Le Club est situé sur le Bund, dans le quartier anglais, et il y a le Country Club à quelque milles de distance sur la route du "Bubbling Well," auquel les dames sont admises aussi bien que les hommes, où toute personne appartenant à la société se rend en été pour jouer à la paume, aux bals de l'après-midi, aux représentations et aux bals de la saison d'hiver. Les courses du printemps et de l'automne organisées par le Jockey Club attirent les foules de tous les endroits, et de grandes sommes d'argent changent de propriétaires. La vie sociale à Shanghaï est formaliste, exigeante, élaborée et extravagante.

Les principaux points d'intérêt et les théâtres peuvent être aisément visités en un jour. Quelle que soit l'amitié qui puisse exister, ou combien puissantes les lettres d'introduction, ne demandez jamais à un résident d'un port chinois de vous accompagner pour visiter une des villes habitées par les indigènes ; ni ne lui parlez d'excursion après. Le résident vous dira peut-être qu'il n'a jamais mis les pieds dans la partie chinoise de la ville ; ou, qu'il y est allé une seule fois, il y a de cela dix ou vingt ans. Son " compradore " ou domestique vous trouvera un ami, ou un cousin obligeant, pour vous servir de guide. Entrant par la porte du nord, à l'extrémité de la colonie française, le voyageur peut se faire conduire par une de ces brouettes à voyageurs et se faire rouler autour des murailles à la porte ouest ou sud ; puis rentrer à pied dans la ville par la porte nord. Il pourra voir des rues remplies de magasins de soieries, de fourrures, de porcelaines et autres objets, et un tel fourmillement dans des rues d'une largeur de sept pieds et dans les ruelles adjacentes, pour appuyer la véracité d'un recensement accusant une population de 400,000 habitants. Il devra visiter aussi le Club des Mandarins, ou jardin à thé, la corporation des bijoutiers, où se tiennent des ventes publiques continuelles, et le temple situé au milieu d'un étang serpentant qu'on peut atteindre par nombre de ponts tortueux, le véritable paysage aux saules immortalisé et reproduit sur les dessins et les modèles. Autour de l'étang il peut voir des jongleurs en plein air, des diseurs de bonne aventure, des conteurs, des raccommodeurs, des barbiers et des dentistes exerçant leur métier, et le bruit étourdissant des voix, et la foule bientôt l'attire.

Dans la ville étrangère, il y a de beaux magasins sur la route de Honan et de Maloo.

Il y a un théâtre chinois dans le quartier près des murs de la ville, et un grand déploiement de riches costumes est la seule chose intéressante dans ces drames assourdissants. Nombre de Chinois préfèrent résider dans cette partie du quartier français, où ils sont sous la juridiction des lois étrangères et taxés équitablement, et où les délits sont soumis à la juridiction d'une cour mixte, laquelle est composée d'un magistrat chinois et de deux membres du corps consulaire. Les Chinois riches des provinces reculées, de même que ceux de Shanghaï, viennent y dépenser leur argent.

Les trois promenades de Shanghaï sont : au chemin de la Source Bouillonnante et retour, au chemin

PAGODE CHINOISE.

de Sickaway et retour, et la descente jusqu'à la pointe de la rivière. Un voyage très intéressant est celui qu'on fait en bateau recouvert à travers les méandres des rivières, des anses, criques et canaux qui couvrent le pays. A bord du bateau l'on vit aussi luxueusement qu'à terre, et Shanghaï est un séjour de sybarites et d'épicuriens.

Les avis du départ des chaloupes à vapeur pour Woosung sont toujours affichés aux consulats, hôtels et clubs, et les renseignements concernant les départs peuvent être obtenus des agents de la Compagnie du Pacifique Canadien, M.M. Jardine, Matheson et Cie.

Il y a maintenant un bureau central des postes officiel en Chine, mais chaque consulat à Shanghaï a son bureau des postes spécial, vend ses timbres-postes et expédie ses malles. De Shanghaï, un voyage des plus intéressants peut être fait : remonter le Yang-tse, l'un des plus grands cours d'eau du monde, qui remonte **SYSTÈME POSTAL.** jusqu'aux hautes plaines du Thibet, communément nommé " Le Toit du Monde," et, après un parcours de trois mille milles, se jette dans la mer.

Des steamers luxueusement équipés font le trajet entre Shanghaï et le grand port à thé de Hankow, faisant escale en route à Chinkiang, Kiukiang et Nanking, traversant une région cultivée avec grand soin. Chaque ville a des pagodes et des **DISTRICTS THÉIFÈRES.** temples intéressants ; les bords de la rivière présentent un panorama continuel de la vie indigène, et ses populations aquatiques ajoutent en intérêt et en pittoresque au voyage. Chaque ville a des spécialités en produits artistiques : les soieries, argenteries, éventails, porcelaines et faïences, et la récolte du thé noir de l'empire se fait le long de cette rivière. Les acheteurs russes et anglais s'approvisionnent presque tous de thé à Hankow : fort peu s'expédie aux États-Unis et au Canada, où les oolongs et autres thés verts du sud de la Chine et du Japon sont principalement consommés. A Hankow le voyageur peut prendre le steamer pour Ichang, plus au dessus de la rivière, d'où il peut se rendre aisément à la fameuse gorge du Yang-tse et aux premier et second rapides, une succession continue de cañons prodigieux par lesquels le puissant fleuve roule furieusement.

Un "sportsman" trouvera les barges chinoises le dernier mot du confort et du luxe, et tout en naviguant et durant le remorquage le long des hauteurs de la rivière pourra se livrer aux plaisirs de la plus belle chasse au faisan qu'il y ait au monde. Les sangliers sauvages abondent sur les hauteurs près de Chinkiang et autres endroits, et les indigènes accueillent favorablement les chasseurs qui viennent détruire les déprédateurs qui ravagent leurs troupeaux et leurs récoltes. Les récentes émeutes contre les étrangers constituent un avertissement pour le touriste, de ne jamais s'aventurer à chasser ou de s'éloigner des Concessions, sans avoir au préalable, pris tous les renseignements nécessaires.

A Foochow, se trouvent les arsenaux Chinois maritime et militaire, et beacoup de navires de guerre de construction européenne peuvent y être vus. La vie sur la rivière intéressera les voyageurs durant les heures d'attente, mais les magasins et spécialités sont **FOOCHOW.** rares. Les villas habitées par les résidents étrangers sont cachées par le feuillage épais des hauteurs. Toute cette colline est couverte de tombes, et, la nuit, les lampes des porteurs de chaises jetant leurs lumières tremblotantes au milieu des ombres, elle présente un spectacle étrange.

A Amoy le pittoresque hâvre est encombré de jonques. Durant la
saison, des chargements de thé arrivent constamment de Tamsui et
d'autres ports, et de l'île encore à peu près inexplorée de Formose, dont
les pirates et la population sauvage sont tenus en opprobre le long de
la côte chinoise. Des vergers en amont de la rivière
viennent les " pumeloes " les plus exquis, le plus déli-
AMOY.   cieux des fruits acides, lesquels transplantés dans
l'hémisphère occidental, de même que la pamplemousse, perdent
considérablement de leurs qualités. Les " pumeloes " et le drap vert
d'Amoy sont tout deux les produits par excellence de l'endroit.

XV.

Une mer bleue, d'un bleu intense, une côte brunâtre, dénudée, des
montagnes de rocs brûlés s'élèvent brusquement des eaux d'un saphir exquis, et glissant par cette véritable tête d'aiguille de la
HONG-KONG. passe de Lymoon, le grand steamer blanc prend sa
course dans le splendide amphithéâtre formé par le
hâvre de Hong-Kong, dont les eaux sont sillonnées de navires de
guerre et de navires marchands de toutes nationalités. Les chaloupes
à vapeur transportent les passagers de cabine à terre, les sampans
fourmillent par centaines, conduits par une femme à la voix aigre, qui
gouverne, rame, fait la cuisine, soigne les enfants, fait ses transactions,
tout en causant sans s'arrêter avec sa sœur la batelière.

Située sur la pente raide d'une montagne, Hong-Kong, comme elle
s'élève au dessus du niveau de la mer, et terrasse après terrasse gravis-
sant les dix-huit cents pieds de hauteur qui la séparent du Pic, présente
un spectacle imposant et magnifique. De nouveau, les maisons
blanches semblent glisser de la hardie montagne et s'étendent le long
du bord de l'eau sur une étendue de plus de trois milles. Les limites des
deux viaducs, les chemins de Bowen et Kennedy, noms de ces hautes
promenades nommées d'après deux des gouverneurs favoris de la
colonie, dessinent leurs blanches guirlandes autour du front de la montagne, et des chemins terrassés l'encerclent leurs longues lignes
blanches. Toute la luxuriante végétation verte des pente est due au
travail de l'homme, et depuis la cession de l'île à l'Angleterre, en 1841,
le boisement a été le grand travail et un véritable miracle a été produit.
Une voie câblée communique avec le pic, et la nuit, quand le hâvre est
illuminé par des myriades de lumières et des traînées de lueurs phos-
phorescentes et que toutes les pentes sont embrasées et étincellent sous
les lueurs de l'électricité, du gaz et des lampes, les lumières des voitures
circulant le long du câble ressemblent à un chapelet ardent montant et
descendant le long d'une corde invisible.

La ville de Victoria, dans l'île de Hong-Kong, est une colonie anglaise indépendante, avec un gouverneur colonial et un personnel formant une petite cour avec un haut tribunal social
VICTORIA, dans son sein. C'est aussi la station navale pour la
HONG-HONG. flotte anglaise en Asie, et les docks, l'arsenal et les
fonderies dans la colonie et en face la côte de Kowloon fournissent
toutes les munitions et le nécessaire en temps de paix ou de guerre.
Plus loin une forte garnison de troupes anglaises témoigne la puissance
de l'Angleterre, et Hong-Kong, le Gibraltar de l'Orient, est une forteresse
imprenable et une sauvegarde pour toute l'Asie.

La longueur totale de l'île de Hong-Kong est de onze milles, et sa largeur varie de deux à quatre milles. Il y a un peu moins de 10,000 Européens dans la colonie, mais une population chinoise de 200,000 habitants s'est fixée autour d'elle, quoiqu'elle soit réellement confinée à l'extrémité ouest ou aux bas fonds de la ville. Une excursion en jinrikisha dans le Praya et le long du chemin de la Reine convaincra que l'estimation de la population chinoise est inférieure à ce qu'elle est réellement. Plus de 20,000 Chinois vivent sur les bateaux du hâvre.

Débarquant au quai de Pedder, le voyageur est pour ainsi dire à la porte de son hôtel, à moins qu'il n'arrive durant l'été, quand les hôtels du Pic lui offriront un refuge. L'une des entrées de l'hôtel de Hong-Kong donne sur le chemin de la Reine, et tout près se trouve la Tour de la Cloche, de laquelle toutes les distances se mesurent. Le Club de Hong-Kong, le Club Allemand, et le Lusitano ou Club Portugais, le bureau des Postes, et les banques de Hong-Kong et de Shanghaï sont tous dans le voisinage immédiat de la Tour de la Cloche. De cet endroit en se dirigeant vers l'ouest, il y a une arcade continue de magasins dans lesquels sont exposés tous les produits artistiques et industriels du Sud de la Chine, et l'on peut y acheter des soieries, des crêpes, des ivoires, des laques, des porcelaines, des articles sculptés en bois de teck et des articles en bambou.

Les rues fourmillent d'une foule bigarrée — Juifs, Turcs, Mahométans, Européens, Indous, Javanais, Japonais, Malais, Parsis, Sikhs, Cyngalais, Portugais, métis, et partout les coolies chinois aux traits rudes, portant des bâtons, des seaux, des paniers et des chaises à porteurs, ou trottant gauchement devant une jinrikisha encore plus gauche. Un *ayah* Indien, emmailloté de blanc, descend le long escalier d'une rue de traverse ; un agent de police Sikh de haute stature se tient immobile comme une statue à un coin de rue ; un raccommodeur de profession, avec des lunettes lui donnant l'air d'un hibou, est assis près de son panier rempli de chiffons, réparant et mettant des pièces ; un barbier dépose son bâton et ses boîtes et commence à opérer sur un client ; des rangées de coolies assis contre quelque mur graisseux se livrent à des recherches sur la tête les uns des autres ; un groupe de gamins à la tresse nattée s'amusent avec leurs pieds à une espèce de jeu de volant ; les colporteurs vous brisent le tympan par leurs cris perçants ; des pétards éclatent et sifflent faisant appel au "Joss" ; et du hâvre arrive le bruit des salves de canon des navires saluant l'arrivée d'un navire de guerre, d'un amiral, d'un gouverneur, ou d'un consul faisant une visite à la flotte. Tel est le panorama constant, enchanteur que présente le chemin de la Reine, le Praya et autres chemins, grandes routes actives et cosmopolites au plus haut degré, où l'Orient et l'Occident se touchent, où l'Asie, l'Australie, l'Océanie, l'Europe et l'Amérique se rencontrent et se mélangent indifféremment.

Le voyageur devrait visiter l'Hôtel de Ville et son musée, et faire une excursion en jinrikisha au delà des casernes, au Champ de Courses établi dans la Vallée Heureuse, et visiter les cimetières juif, parsi, mahométan, anglican et catholique qui entourent le grand terrain de plaisance ovale. La semaine des courses se tient en Février, et est la saison de gala de Hong-Kong.

Les terrains autour de la maison du Gouverneur et du Jardin Botanique font l'orgueil de la colonie, et des routes ombragées de bananiers, de bosquets de palmiers, de mimosas en fleurs, et ce luxe de végétations grandioses, étranges, donnent un aspect vraiment tropical à chaque

scène. Un peu plus bas que la maison du Gouverneur il y a une élégante
cathédrale.

Pour faire l'ascension des chemins élevés, on se fait conduire en chaise
à porteurs, par les ruelles qui semblent des escaliers de ciment ou de
pierre. Il y a un tarif régulier de fixé, mais lors du règlement il y a
toujours des discussions. Personne ne devrait essayer de réduire le
salaire du coolie. En ne payant que le tarif indiqué généralement on
soulève des protestations ; quant à réduire le taux fixé soulève un véritable
charivari. Le tarif supposé d'un jinrikisha est de quinze cents par heure
ou cinquante cents par jour. Le prix des chaises est de dix cents par
heure et par porteur, ou, au total, vingt cents par heure. La construction de l'ascenseur faisant le trajet jusqu'au sommet de la montagne
étant terminée, a heureusement supprimé une grande partie des incon-
vénients que présentait le transport en chaise.

Une espèce de sabir anglais est employé, mais un petit vocabulaire
de mots chinois est suffisant pour tenir lieu de conversation avec les
porteurs de chaises :

Dépêchez-vous, plus vite.	*Fie tee.*
Faites attention, prenez garde.	*See sum.*
Venez ici.	*Lee ne shu.*
Ne faites pas cela.	*M-ho tso.*
Arrêtez.	*Man man.*
Attendez un peu.	*Tongue yut sum.*
Ceci fera.	*Tos tuk lok.*

Le plus souvent, lorsque les porteurs de chaise veulent faire signe au
voyageur de rester tranquillement assis, de manière à maintenir l'équilibre,
ou de se placer soit à droite ou à gauche, ils se contentent de frapper sur
les brancards de la chaise. Pareillement si le voyageur desire s'arrêter
il frappe sur le brancard — celui de droit ou de gauche selon la côté de
la rue duquel il veut descendre.

L'on peut aisément rassembler quelques mots du jargon mi-anglais, et
trouver *maskee* pour dire, tout droit, en avant, très bien, ne vous in-
quiétez pas, etc., un mot très utile. *Top side* pour en haut : *pidgin*
pour affaires, magasins, intérêt : *chop chop* pour tout droit, vite ; *chow
chow*, ou simplement *chow*, pour nourriture ; *piecee* pour chose ou
articles ; *side* pour place, région, maison, contrée, pays, etc. ; *catch* pour
chercher, porter, recevoir, apporter et acheter, sont les mots les plus
communément employés, et s'apprennent si facilement et s'adoptent si
vite que bientôt on se voit dans l'impossibilité de dire une phrase cor-
recte en français, par suite du charme corrupteur du "*pidgin.*"

XVI.

En deux heures l'on peut se rendre de Hong-Kong à Macao, une cité
portugaise fondée il y à trois cents ans, visiter ses anciens forts, les jardins et la grotte où Camoëns écrivit ses poèmes ; jeter
MACAO. un coup d'œil sur les joueurs blancs et chinois de
ce Monte Carlo de l'Extrême Orient ; surveiller le
chargement des cargaisons d'opium ; se reposer dans un excellent
hôtel, et prendre un bain de mer.

Un jour suffit au touriste ordinaire pour visiter et examiner les principaux points de vue de Canton. Le bateau de nuit de Hong-Kong vous
emportera à quatre-vingt-dix milles en amont de la rivière Perle à cette

ville de trois millions d'habitants, et versl'aube le bourdonnement de cette immense population vous parviendra aux oreilles, semblable aux mugissements des flots de la mer.   Il y a maintenant un hôtel au Shameen, mais antérieurement, à moins qu' il n'ait été invité à la maison d'un des résidents étrangers, le voyageur logeait dans le **CANTON.** steamer, changeant du bateau de nuit à celui de jour, selon les départs.

Le doyen de la corporation des guides, ou un cicerone de moindre importance, vous présentera sa carte à l'arrivée du steamer, et, en une seule file, la procession de chaises à porteurs suivra le guide à travers les rues, puis traversera la ville au-dessus d'une route d'où l'on peut jouir du panorama de chacun des quartiers de Canton.

Un pont aux portes fermées et gardée conduit au Shameen, une île de l'Arcadie où réside la petite colonie des étrangers.   Les Cantonais ne sont guère bien disposés à l'égard des étrangers, et le visiteur est averti de ne pas faire attention aux remarques ou aux gestes déplaisants.

Ensuite il y a lieu de visiter le Temple des Cinq Cents Génies ; la Cloche d'Eau dans le temple sur les murs ; le Temple des Horreurs dont la cour est remplie de diseurs de bonne aventure et de mendiants ; la place des Exécutions, la salle des Examens et la Pagode, haute de cinq étages, sur les murs de la ville, où le guide trouvera des chaises et une table et disposera le goûter emporté du steamer ou de l'hôtel. Revenant par la ville on visitera la Pagode Fleurie, ruines d'un palais de marbre, autrefois un splendide monument ; l'ancien Yaamen anglais, où la première légation étrangère fut installée en 1842 ; le Temple des Cinq Génies, la Cour des Magistrats, la Prison de la ville, et la salle de la Corporation des Marchands de thé vert ; on peut s'arrêter pour l'heure du thé et faire une promenade à travers les paisibles avenues ombragées de banyans et le long du Bund de Shameen.

La vie riveraine de Canton, avec ses milliers de bateaux, sur lesquels des milliers de créatures humaines sont nées, ont vécu, se sont mariées et sont mortes, où vit une classe distincte sous tous les rapports des citadins, est toujours en vue, et ses cris s'entendent continuellement. Les bords de la rivière sont garnis de ces habitations flottantes de même que le réseau de criques se trouvant par toute la cité.

Entre les temples on voit le panorama des boutiques en plein vent, des rues où se trouvent les magasins de soieries, de jades, et de bijouteries ; des ateliers de tisserands et des caves occupées par les batteurs d'or ; boutiques de cordonniers, d'ébénistes, boucheries et marchands de comestibles de chaque côté.   Des comestibles indéfinissables, inconnus, rissolent dans les casseroles et envoient leurs parfums dans les airs. Des canards desséchés sont pendus par leur cou d'une demi-aune de long, et un morceau de viande desséchée, exposé à un étal, par sa forme allongée frisée, avec l'extrémité en forme de vrille, nous annonce le rat. Le rat se trouve sur tous les marchés, vivant en cages, frais ou desséché à l'étal des bouchers, et souvent des rats desséchés sont achetés par les touristes comme preuve de l'histoire souvent niée du rat employé comme comestible. Les théâtres sont nombreux ; les magasins de costumes théâtrals dans certain quartier se touchent les uns les autres sur une assez longue étendue ; les marchands de vieux costumes abondent, et il y a des boutiques de prêteurs sur gages et de marchands de curiosités en quantité considérable.

La loi fixe un minimum de sept pieds de largeur pour les rues, et beaucoup ne dépassent pas cette largeur. Au bas de ces ruelles étroites, recouvertes de tentes nattées, entre les enseignes flottantes bariolées de noir, d'or et de vermillon, la foule fourmille. Deux chaises peuvent difficilement passer. Au tournant de certains angles, les brancards des chaises sont introduits parfois bien avant dans les magasins et, quand la chaise d'un mandarin accompagné de son escorte apparaît, l'on est pressé dans l'entrée d'une boutique en plein vent, et l'on n'échappe pas toujours à l'abri de la bousculade que produit le passage de l'escorte. C'est une journée rendue fatigante par le cahotement, l'étourdissement. Quand le bateau glissant doucement le long de la rivière passe devant la cathédrale française et le mouillage toujours animé de Wampoa, entre les champs paisibles et unis, l'on peut difficilement se rendre un compte exact de ce qu'on a vu. Mais on rêve de cette cité orientale si riche et si pleine de splendeur barbare, cette cité de richesses immenses et de pauvreté indescriptibles, et l'on revoit de nouveau les étroits et animés passages, les scintillements de l'or et du vermillon, les éclats et les étincellements des intérieurs fastueux, dans lequels la reine de Saba, si elle vivait, viendrait certainement faire ses achats.

De Hong-Kong les communications par eau divergent comme les rais d'une roue dans toutes les directions du globe, et le voyageur peut prendre le bateau pour se rendre dans n'importe quelle partie du monde.

L'Australie et la Nouvelle Zélande sont une des grand'routes, et hivernant là, le touriste peut, à la fin de la saison des ouragans, février et mars, pousser une pointe parmi ces charmants et indolents royaumes du monde tropical, la Mer du Sud, visiter Samoa, Tahiti et Fiji, et à Levuka, prendre le bateau pour retourner à Hong-Kong.

De petits steamers se rendent journellement à Manille, aux Indes Orientales Américaines, en soixante heures, et deux lignes de grands paquebots à vapeur australiens font escale à Manille à l'aller **MANILLE.** et au retour. Les ruines des vieilles fortifications espagnoles sont intéressantes à visiter, et les récents évènements ont rendu les environs intéressants au point de vue historique.

Le chemin de fer communiquant à Dagupan permet de jeter un coup d'œil rapide sur les provinces, et une promenade en amont de la rivière et autour de la lagune del Baia permettront au touriste d'avoir un aperçu de la vie intime et des paysages philippins. De novembre à mars la température est sèche et la chaleur supportable. De mars à novembre les grandes chaleurs, les pluies, et les typhons qui se forment à cette époque, une baie constamment houleuse, offrent peu de perspectives d'agrément aux voyageurs.

La route la plus fréquentée, toutefois, est celle de l'Inde, et les steamers font arrêt pendant un jour à Singapore, le centre équatorial de l'Orient, où toutes les voies commerciales viennent passer, où les personnes de toutes nationalités en destination pour les parties les plus reculées du globe, se rencontrent à son hôtel fameux pour ses " curries " et ses boissons glacées.

De ce carrefour maritime on peut prendre les steamers, dont les départs sont presque journaliers, et font en trente-six heures le trajet de Batavia par l'équateur.

Java*, avec ses merveilles de la nature, ses ruines des plus grands temples de l'univers, ses monuments et ses reliques d'une civilisation antique, attire plus de voyageurs, d'archéologues et de botanistes chaque hiver, et l'achèvement d'un système **JAVA.** de chemins de fer rend possible une traversée rapide entourée d'un certain confort à travers les forêts incendiées et les forêts brûlantes.

On peut de là se rendre directement à Ceylan, ou, déviant de son itinéraire, visiter Rangoon par voie de Calcutta, et même en ne séjournant qu'un seul jour dans le port jouir du spectacle de la vie burmaise et du culte bouddhiste dans cette partie reculée des Indes.

À Colombo, le voyageur prend un repos d'un jour, change de bateau, ou prenant le chemin de fer conduisant à Kandy, escalade les hauteurs, visite de Pic d'Adams, la dent de Bouddah, les plantations à thé, les bosquets le cinchonas et les plantations de café, et peut partout acheter des imitations de saphirs et d'œils de chat, fabriqués peut-être à Birmingham à l'intention du voyageur faisant son tour du monde.

De Ceylan, le touriste consciencieux se rendra à Tuticorin et à Madras, et de là à Calcutta. Décembre, janvier et février sont les mois pour visiter l'Inde. Durant la saison d'hiver, malheureusement, les stations ne sont rien moins que désertes, et il est difficile de retrouver des traces du Simla de Rudyard Kipling dans cette place désolée et où les maisons sont construites en planches. Mais les Himalayas peuvent être vus dans toute leur splendeur de la région aux environs de Darjeeling. Comme le Vice-roi quitte Calcutta pour se rendre à Simla vers le mois de mai, sitôt que la saison chaude commence et, retournant à Calcutta sitôt que la saison froide approche, le visiteur qui voudrait voir un cortège avec tous les luxes et la splendeur que l'Orient peut offrir, devrait essayer de s'y rendre à cette époque.

De Bombay, un bateau le conduira plus loin dans sa tournée et, une fois passé la mer Rouge, le véritable Orient est disparu, car Suez et le Levant semblent l'Europe dans l'opinion des habitants du Cathay, — et alors l'extrême Orient semble un rêve en effet.

* Voir Java, The Garden of the East. Century Co., 1897.

PHRASES ET MOTS JAPONAIS.

Quelques mots et des phrases usuelles s'apprennent rapidement et faciliteront au touriste ses relations avec les commerçants, les domes_ tiques et les indigènes ne parlant ni le français ni l'anglais.

Une connaissance approfondie du Japonais demande des années d'étude ; mais même avec un vocabulaire limité, l'étranger acquiert une certaine indépendance.

Les lettres se prononcent comme en français excepté que

> *U* se prononce *ou*.
> *AI* se prononce *aï*.
> *AU* se prononce *aü* (comme dans août).
> *SH* se prononce *ch*.
> *Ch* se prononce *dch*.
> *G* se prononce *ng* après une voyelle (Nagasaki = Nangasaki), mais *g* est dur au commencement d'un mot.

Il n'y a pas d'accent tonique ; la lettre *u* est parfois élidée ou presque muette comme Satsuma (Sats'ma), Dai Butsu (Dai Bouts), etc.

Les déclinaisons, conjugaisons, etc., qui suivent sont tirées du petit manuel publié par Farsari & Cie, Yokohama.

Nous donnons une conjugaison abrégée des auxiliaires *suru*, faire et, *arimasu*, être, parce qu'au moyen de ceux-ci comme suffixes on peut former beaucoup de verbes d'après les substantifs et que tous les verbes se conjuguent avec l'un de ces auxiliaires ; p. ex., fatiguer, *kutabiru*, je suis fatigué, *kutabiremashta* ; *kiru*, couper, *kirimashta*, j'ai coupé ; *kirimasho*, je couperai.

Faire — *Suru*.	Avoir ; Etre — *Arimas*.
Je fais, *suru*.	J'ai ; je suis, *arimas*.
J'ai fait, *shta*.	J'ai eu : j'ai été, *arimashta*.
Si je fais, *shtareba*.	Si j'ai, *arimashtareba*.
Je ferai, *suru de aru*.	J'aurai, *aru de aru*.
Je veux faire, *shiyo*.	Je veux avoir, *arimasho*.
Faisant, *shte*.	Ayant ; étant, *aru*.
Je ne fais pas, *shinai*.	Je n'ai pas ; je ne suis pas, *arimasen*.
Je n'ai pas fait, *shi-nakatta*.	
Je ne ferai pas, *semai*.	Je n'ai pas eu ; je n'ai pas été ; *arimasenanda*.
Ne faisant pas, *sede ; sedz*.	N'ayant pas ; n'étant pas, *naide*.
	Aurez-vous ? Serez-vous ? *arimaska*.
	Avez-vous eu ? *arimashtaka*.

Les personnes et les nombres du verbe japonais ne se distinguent par aucune flexion ; ainsi *suru* signifie " je fais " aussi bien que " vous faites " et " il fait."

Arimasu est un composé de *ari* et *masu*. *Ari* est le radical de *aru*, être, et *masu* s'emploie avec *aru* comme suffixe de politesse. Le mot *gozarimasu* qu'on entend si souvent n'est qu'une forme plus polie encore de *arimasu*.

SUBSTANTIFS, PHRASES, ETC.

Il n'y a pas de flexion pour déterminer le genre, le nombre ou le cas des substantifs, mais les mots *otoko*, *o* ou *on*, mâle, et *onne me* ou *mesu*, femelle, s'emploient pour distinguer les genres, comme *otoko no uma*, cheval, *onna on uma*, jument ; *o ushi*, taureau ; *me ushi*, vache.

Osu et *mesu* s'emploient quand le nom est sous entendu.

Les mots suivis de *no* sont adjectifs ; ceux suivis de *ni* sont adverbes.

Le verbe se met à la fin de la phrase après l'objet, comme *Inu wo* (le chien), *kaimashita* (j'ai acheté), j'ai acheté le chien. *To woshimeru*, fermez la porte.

NOMBRES.

Un, *ichi.*	Sept fois, *shichi tabi.*
Deux, *ni.*	Huit fois, *hachi tabi.*
Trois, *san.*	Neuf fois, *ku tabi.*
Quatre, *shi.*	Dix fois, *jittabi.*
Cinq, *go.*	Double, *bai* ou *nibai.*
Six, *roku.*	Triple, *sam bai.*
Sept, *shichi.*	Trente, *san jiu.*
Huit, *hachi.*	Quarante, *shi jiu ;* et a. d. s. jusqu'à
Neuf, *ku.*	quatre-vingt-dix.
Dix, *jiu.*	Cent, *hyaku.*
Onze, *jiu ichi.*	Un cent, *ippiaku.*
Douze, *jiu ni.*	Deux cents, *ni hyaku.*
Treize, *jiu san ;* et a. d. s. jusqu'à	Mille, *sen.*
dix-neuf.	Un mille, *issen.*
Vingt, *ni jiu.*	Deux mille, *ni sen.*
Vingt-et-un, *ni jiu ichi.*	Dix mille, *man.*
Une fois, *ichi do.*	Cent mille, *jiu man.*
Deux fois, *ni do.*	Un million, *hyaku man.*
Trois fois, *san do.*	Dix millions, *sen man.*
Quatre fois, *yo tabi.*	Trente-huit millions, *San-sen happyaku man.*
Cinq fois, *go tabi.*	
Six fois, *roku tabi.*	Billion, *cho.*

LES MOIS.

Janvier, *sho gatsu.*	Juillet, *shichi gatsu.*
Février, *ni gatsu.*	Août, *hachi gatsu.*
Mars, *san gatsu.*	Septembre, *ku gatsu.*
Avril, *shi gatsu.*	Octobre, *jiu gatsu.*
Mai, *go gatsu.*	Novembre, *jiu ichi gatsu.*
Juin, *roku gatsu.*	Décembre, *jiu ni gatsu.*

LES JOURS DU MOIS.

Premier, *tsuitachi.*	Le quatorze, *jiu yokka.*
Le deux, *futska.*	Le quinze, *jiu go nichi.*
Le trois, *mikka.*	Le seize, *jiu roku nichi.*
Le quatre, *yokka.*	Le dix-sept, *jiu shchi nichi.*
Le cinq, *itska.*	Le dix-huit, *jiu hachi nichi.*
Le six, *muika.*	Le dix-neuf, *jiu ku nichi.*
Le sept, *nanoka.*	Le vingt, *hatska.*
Le huit, *yoka.*	Le vingt-et-un, *ni jiu ichi nichi.*
Le neuf, *kokonoka.*	Le vingt-deux, *ni jiu ni nichi.*
Le dix, *toka.*	Le vingt-trois, *ni jiu san nichi.*
Le onze, *jiu ichi nichi.*	Le vingt-quatre, *ni jiu yokka.*
Le douze, *jiu ni nichi.*	Le vingt-cinq, *ni jiu go nichi.*
Le treize, *jiu san nichi.*	Le vingt-six, *ni jiu roku nichi.*

LES JOURS DU MOIS. — SUITE.

Le vingt-sept, *ni jiu shchi nichi.*
Le vingt-huit, *ni jiu hachi nichi.*
Le vingt-neuf, *ni jiu ku nichi.*

Le trente, *san jiu nichi* ou *misoka.*
Le trente-et-un, *san jiu ichi nichi.*

LES JOURS DE LA SEMAINE.

Dimanche, *nichi yobi.*
Lundi, *gatsu* ou *getsu yobi.*
Mardi, *ka yobi.*
Mercredi, *sui yobi.*

Jeudi, *moku yobi.*
Vendredi, *kin yobi.*
Samedi, *do yobi; handon.*

LES HEURES.

Les heures s'indiquent par l'addition du mot chinois *ji* — "temps," "heure" aux nombres, comme ceci :

ichi-ji, une heure.
ni-ji, deux heures.
san-ji jip-pun, trois heures dix.

yo-ji jiu-go-fun, quatre heures quinze.
jiu-ji han, dix heures et demie.
jiu-ni-ji jiu-go-fun mae, onze heures quarante-cinq.

LES SAISONS.

Le printemps, *haru.*
L'été, *natsu.*

L'automne. *aki.*
L'hiver, *fuyu.*

DIVISIONS DU TEMPS.

Jour, *hi.*
Matin, *asa.*
Midi, *hiru; shogo.*
Soir, *yu; ban.*
Nuit, *yoru.*
Minuit, *yonaka.*
Aujourd'hui, *konnichi.*
Demain, *myonichi.*
Après-demain, *asatte; myogonichi.*

Hier, *sakujitsu.*
Avant-hier, *ototoi; issakujitsu.*
Une heure, *ichijikan.*
Une demi-heure, *hanjikan.*
Un quart d'heure, *ju go fun.*
Semaine, *shu.*
Mois, *tsuki.*
Un mois, *hito-tsuki.*

LE CIEL.

Le ciel, *ten.*
Le firmament, *sora.*
Le soleil, *taiyo; tento sama, hi.*

La lune, *tski.*
Etoile, *hoshi.*

EN VOYAGE.

Passeport, *ryokomenjo.*
Billet, *kippu.*
Gare, *suteishion.*
Bureau de Poste, *yubinkyoku.*
Bureau de télégraphe, *denshin kyoku.*
Auberge, Hôtel, *yadoya.*
Voiture, *basha.*
Cocher, *gyosha betto.*
Bain, *furo; yu.*

Lit, *nedoko.*
Chambre, *heya.*
Paquebot, *jokisen* ou *kisen.*
Bateau, *fune.*
Batelier, *sendo.*
Veuillez me rendre mon passeport, *menjo o kaeshi nasai.*
Train, *kisha; jokisha.*
Montant du billet, *kishachin; chinsen.*

EN VOYAGE. —Suite.

La pluie entre, *ame ga furikomu.*
Donnez-moi ma note, *kanjo okure.*
Donnez-moi mon reçu, *uketori, kudasai.*
A quelle heure part le train? *jokisha no deru wa nan ji?*
Billet, 1ère classe, *joto.*
Billet, 2ième classe, *chiuto.*
Billet, 3ième classe, *kato.*
Aller et retour, *ofuku.*
Quelle heure est-il? *nan doki des?*
Je désire aller (endroit), *e ikitai.*
Apportez-moi de l'eau, s. v. p., *midzu wo motte kite okure.*
Qui est là? *dare da donata?*
Choisissez un autre mot, *hoka no kotoba o tskai nasai.*
Votre maître est-il chez lui? *danna san o uchi de gozarimaska!*

Quelle est cette maison? *nan no ie deska?*
Gardez ça jusqu'à mon retour, *kaeru made korewo adzukatte kudasai.*
Mettez cette lettre à la poste, *kono tegamai wo yubin ni yatte kudasai.*
Y a-t-il des lettres pour moi? *tegami arimaska?*
Envoyez-moi votre garçon, *anata no tskai wo yatti kudasai.*
J'ai faim, *tabetai.*
Faites-moi du feu s. v. p., *hi wo tskero.*
Où allez-vous? *do chira oide nashaimas-ka?*
Combien de milles? *nan ri hodo?*

DANS LE JINRIKISHA.

Indiquez-moi la route, *michi wo oshiete kudasai.*
Procurez-moi un jinrikisha s. v. p., *kuruma wo yonde kudasai.*
Combien? *ikura?*
Combien pour une heure? *ichi ji kan ikura.*
Dépêchez-vous, *hayaku.*
Lentement, *soro-soro*, ou *shizuka ni iki.*
Arrêtez, *mate* ou *tomare.*
Arrêtez un peu, *sukoshi mate.*
Tout droit, *massugu.*

Droite, *migi.*
Gauche, *hidari.*
Prenez garde, *abunaiyo.*
Ensemble, *issho ni.*
Assez, *voeoshi.*
Ça et là, *achi kochi.*
Par ici, *ko-chira*
Par là, *achira.*
Où allez-vous? *doko maru?*
Quoi? *nani?*
Quand? *itsu?*
Devant, *saki.*
Derrière, *ushiro.*

AU MAGASIN.

Avez-vous? *arimaska.*
Avoir, je, *arimas.*
Ne pas avoir, je, *arimasen.*
Je sais ou comprends, *wakarimasu.*
Je ne sais pas, ou je ne comprends pas, *wakarimasen* ou *shirimasen.*
Vieux, *furui.*
Neuf, *atarashii.*
Bon marché, *yasui.*
Très bon marché, *takusan yasui.*
Cher, trop, *takai, amari takai* ou *takusan takai.*
Crêpe, *chirimen.*

Coton (crêpé), *chijimi.*
Brocade, *nishiki.*
Robe, *kimono.*
Vêtement, *haori.*
Echarpe, *obi.*
Epais, *atsui.*
Mince, *usui.*
Large, *hiroi.*
Etroit, *semai.*
Long, *nagai.*
Court, *mijikai.*
Mètre, *shaku* (trois *shaku* font environ un mètre).
Echanger, *tori kaeru.*

Noir, *kuroi.*
Bleu, *a wo, sora-iro.*
Bleu foncé, *asagi iro.*
Bleu clair, *mizu asagi.*
Vert, *aoi ; midori.*
Rose, *momo iro.*
Violet, *murasaki.*
Rouge, *akai.*
Blanc, *shiroi.*
Jaune, *ki-iro.*
Mode, *hayari.*
Sale, *kitanai.*
Le meilleur (No. 1), *ichi ban.*
Grand, *oki.*
Je puis, *dekimas.*
Je ne puis pas, *dekimasen.*
C'est impossible, *dekinai.*
Or, *kin.*
Argent, *gin.*
Argent en papier, *satsu.*
Petit, *chisai.*
Ciseaux, *hasami.*
Adressez à, *shokai to na-ate wo kakinasai.*
Je prendrai cela aussi, *kore mo mochimasho.*
Montrez-moi quelque chose de meilleur, *moto ii mono wo o mise nasai.*

Apportez-moi des échantillons de tout ce que vous avez, *arudake no mono mihon motte kite kudasai.*
Je vais acheter cela, *kore wo kaimas.*
Faites-moi savoir quand ce sera prêt, *shtaku shtareha shirase nasai.*
Faites-le meilleur marché, *motto omake nasai.*
Je le désire plus clair, *moto usui iro ga hoshii.*
Donnez m'en un beaucoup plus foncé, *moto kroi iro kudasai.*
En quoi est-ce ? *kore wa nan de dekite orimas ?*
Combien ? *ikutsu ?*
En avez-vous encore ? *motto aru ka ?*
Envoyez ce paquet à ——, *kono tsutsumi* (nom de l'endroit) *e yatte okure.*
Je voudrais le voir, *misete okure.*
Moins, *sukunai.*
La même chose, *onaji koto.*
Mauvais, *warui.*
Joli, *kirei.*
Je reviendrai, *mata kimasu.*

BOISSONS, ALIMENTS, ETC.

Pomme, *ringo.*
Bœuf, *ushi niku.*
Bière, *biru.*
Beurre, *gyuraku* (généralement *batta*).
Bouillir, *niru.*
Pain, *pan.*
Griller, *yakeru.*
Huîtres, *kaki.*
Chou, *botan na : kabiji.*
Gâteaux, *kashi.*
Carotte, *ninjin.*
Cerise, *sakura no mi.*
Poulet, *niwatori.*
Moules, *hamaguri.*
Bordeaux (vin de), *budo sake.*
Morue, *tara.*
Café, *kohi.*
Ecrevisses d'eau douce, *kani.*
Ecrevisses de mer, *iso ebi.*

Cornichon, *kyuri.*
Anguille, *unagi.*
Œufs, *tamago.*
Œufs à la coque, *tamago no hanjiku.*
Œufs durs, *tamago no ninuki.*
Figues, *ichijiku.*
Poisson, *sakana.*
Farine, *udon no ko.*
Nourriture, *tabemono.*
Volaille, *tori.*
Fruits, *kudamono ; mizugashi.*
Raisins, *budo.*
Oie, *gacho.*
Lièvre, *usagi.*
Hareng, *nishin.*
Agneau, *ko hitsuji no niku.*
Citron, *yuzu.*
Maquereau, *saba.*
Viande, *niku.*

BOISSONS, ALIMENTS, ETC. — Suite.

Melon, *uri.*
Melon musqué, *makuwa uri.*
Melon d'eau, *suika.*
Lait, *ushi no chichi.*
Mulet, *bora.*
Moutarde, *karashi.*
Mouton, *hitsuji no niku.*
Huile, *abura.*
Omelette, *tamago yaki.*
Orange, *mikan.*
Pois, *endo mame.*
Pêche, *momo.*
Poire, *nashi.*
Poivre, *kosho.*
Faisan, *kiji.*
Cornichons, *tsukemono.*
Pigeon, *hato.*
Prune, *ume.*
Porc, *buta.*
Pomme de terre, *jaga imo.*
Patate, *satsuma imo.*
Caille, *udzura.*
Lapin, *usagi.*
Riz, *meshi ; gozen.*
Rôtir, *yaku.*
Salade, *chisa.*

Saumon, *shake.*
Sel, *shiwo.*
Sardines, *iwashi.*
Crevettes, *yoku ebi.*
Bécasse, *shigi.*
Soupe, *tsuyu ; o sui mono.*
Epinards, *horenso.*
Soy, *shoyu.*
Fraisees, *ichigo.*
Sucre, *sato.*
Thé, *o' cha.*
Tomate, *aka nasu.*
Truite, *yamome.*
Dinde, *shichimencho.*
Navet, *kabu.*
Légumes, *yasai.*
Vinaigre, *su.*
Eau, *midzu.*
Eau de table. *nomi midsu.*
Eau chaude, *yu.*
Friture, *shirago.*
Vin, *budoshu.*
Vin domestique, *sake.*
Pour désigner la bière, le cognac, le whiskey, etc., on ajoute le mot "sake" au français.

NOMS GÉOGRAPHIQUES.

Baie, *iri umi.*
Cap, *misaki.*
Capitale, *miyako.*
Cascade, *taki.*
Colline, *koyama.*
Est, *higashi.*
Forêt, *hayashi ; mori.*
Golfe, *iri umi.*
Grotte, *hora ana.*
Ile, *shima ; jima.*
Lac, *kosui ; ike.*
Marée, *shiwo.*
Mer, *umi.*
Montagne, *yama.*

Nord, *kita.*
Ouest, *nishi.*
Péninsule, *eda shima.*
Plage, *hama ; umi-bata.*
Pont, *hashi ; bashi.*
Port, *minato.*
Printemps, *izumi : waki midzu.*
Rivière, *kawa : gawa.*
Rue, *machi ; tori.*
Sud, *minami.*
Vallée, *tani.*
Village, *mura.*
Ville, *machi ; tokai.*

OCCUPATIONS.

Officier, *yakunin, kwaurin.*
Professeur, *sensei.*
Capitaine, *sencho.*
Lieutenant, *untenshi.*
Ingénieur, *kikanshi.*
Marin, *suifu.*

Etudiant, *shosei.*
Traducteur, *honyakusha.*
Interprète, *tsuben.*
Fermier, *hyakusho.*
Fabricant, *seizonin.*
Artiste, *ekaki.*

OCCUPATIONS. — Suite.

Médecin, *isha.*
Chirurgien, *geka isha.*
Photographe, *shashinshi.*
Importateur, *to butsuya.*
Libraire, *honya.*
Marchand de porcelaine, *setomo-noya.*

Marchand de laque, *shikkiya.*
Cuisinier, *ryorinin.*
Garçon-valet, *kodzukai.*
Coolie, *ninsoku.*
Conducteur de Jinrikisha, *jinriki-hiki.*

TERMES GÉNÉRAUX.

J'ai froid, *samui gozaimas.*
Je reviendrai, *mata mairimas.*
Aussitôt que possible, *narutake kayaku.*
Quel est votre nom? *o namae wa nan to moshimas?* (forme polie) ; *na wa nanda?* (forme ordinaire).
Voulez-vous prendre quelque chose? *kité ippai yarimasen ka?*
Médecin étranger, *seiyo no isha.*
Je vous demande pardon, *gomen nasai.*

Oui, *saiyo; hei.*
Non, *iye.*
Venez ici, *oide nasai.*
Merci, *arigato.*
Au revoir, *sayonara.*
Bonjour, *kon nichi wa.*
Bonsoir, *kon ban wa.*
Bonjour (le matin), *ohayo.*
Tout de suite, *tadaima.*
S'il vous plaît, *dozo.*
Quelle est votre adresse? *anato no tokoro wa doko des ka?*

PHRASES EMPLOYÉES PAR LES INDIGÈNES.

Irasshaimashi, soyez le bienvenu.
He! kashkomarimashta, très bien.
Omachidosama, fâché de vous faire attendre.
Gokigen yo gozaimas, j'espère que vous allez bien.
Gokuro sama, merci pour la peine.
Oagari nasai ou *oagan nasai,* entrez ; s'emploie aussi quand on offre à boire. — Servez-vous.
Oainiku sama, nous n'en avons pas (article demandé).

Oitoma itashimasho, je vais prendre congé.
Naru hodo, je vois, je comprends.
Yukkuri, mettez vous à votre aise.
Ippuku o agari nasai, voulez-vous fumer?
Kekko, fort bien ! parfait.
Yoku nashaimasta, enchanté de vous voir.
Yoku yoroshiku dozo, mes amitiés à.
Gomen nasai, je vous demande pardon.
Doshta? qu'y a-t-il?

TERMES SPÉCIAUX.

Amah, bonne.
Boy, valet.
Bund, rue sur la mer.
Bungalow, maison d'un étage.
Chit, lettre, billet à ordre.
Compound, enclos, demeure.
Curios, vieux bronzes, laques etc.
Compradore, commissionnaire.
Godown, entrepôt.

Griffin, nouvel arrivé dans l'est ; aussi cheval fournissant sa première course.
Hatoba, débarcadère.
Hong, maison de commerce.
Pyjamas, costume de nuit.
Sampan, bateau indigène.
Shroff, expert en argent.
Tiffin, déjeuner.

CLIMAT DU JAPON.

OBSERVATOIRE DE TOKIO, 35° 41' L. N., 139° 46' L. E. Altitude, 69 Pieds: 17 Années, 1876-1892.

Pouces et degrés Fahrenheit.

	Janvier	Février	Mars	Avril	Mai	Juin	Juillet	Août	Sept.	Oct.	Nov.	Dec.	Année
Température Moyenne	36.9	38.5	44.7	54.1	61.8	68.7	75.9	78.0	71.7	60.4	50.0	41.5	57.0
Maximum Moyen	46.7	47.0	53.9	62.6	69.9	75.5	83.1	85.4	78.9	68.9	60.0	52.3	65.4
Minimum Moyen	28.0	30.2	35.0	45.1	53.0	61.0	69.6	71.0	65.1	52.7	41.0	32.1	48.7
Maximum Absolu	le 14 Juillet 1886, 97.9												
Minimum Absolu	le 13 Janvi'r 1876, 15.4												
Pluie Moyenne	2.12	3.09	4.79	4.57	5.84	6.96	4.94	4.31	8.18	7.40	4.24	1.97	58.46
Nombre de jours de pluie	7.2	9.4	11.6	14.9	13.2	14.2	14.1	11.9	15.3	12.5	8.8	6.1	139.5
Jours de neige	3.7	4.8	2.2	0.1								0.1	1.2	12.1

Dans le " nombre de jours de pluie " sont compris tous les jours où il est tombé plus d'un millimètre d'eau, ainsi que ceux où il a neigé ou grêlé. Les jours de neige comprennent ceux où il est tombé de la neige sans indiquer s'il a également plu. A Tokio il y a peu de jours de neige ininterrompue: peut-être seulement deux ou trois par an.

DISTANCES.

(LIGNE DIRECTE.)

Vancouver	Victoria	Yokohama	Kobe	Nagasaki	Woosung (Shanghai)	Hong Kong
85						
4283	4198					
4629	4544	346				
5013	4928	730	384			
5461	5376	1178	832	448		
6271	6186	1988	1642	1258	810	

Vancouver à Montréal .... 2906 Milles
Montréal à Québec .... 172 "
Québec à Liverpool .... 2660 "
Montréal à Boston .... 342 "
New York à San Francisco .... 3266 "
Montréal à Halifax .... 756 "
Halifax à Liverpool .... 2480 "
Montréal à New York .... 383 "
New York à Liverpool .... 3180 "
San Francisco à Yokohama .... 4750 "

LIVRES DE RÉFÉRENCES

SUR

LE JAPON ET LA CHINE.

"Murray's Hand Book for Travelers in Japan" — par B. H. Chamberlain et W. G. Mason.

"The Mikado's Empire"
"Fairy World" } — par W. E. Griffis. New York: Harper & Brothers.

"Japan — Travels and Researches"
"The Industrial Arts of Japan" } — par J. J. Rein. New York: A. C. Armstrong & Son.

"Japan — Its Art, Architecture and Art Manufactures" — par le Dr. Christopher Dresser. Londres: Longmans, Green & Co.

"Japanese Homes" par Prof. E. S. Morse. New York: Harper & Brothers.

"Pictorial Arts of Japan" — par Dr. W. Anderson. Londres.

"Japanese Art and Artists" — par M. B. Huish. Londres: Fine Arts Society.

"Artistic Japan" — par S. Bing. Paris & Londres: Sampson, Marston & Lowe.

"An Artist's Letters from Japan" — par John La Farge. New York: The Century Co., 1897.

"Japan — Its History, Traditions and Religion" — par Sir Edward Reid. Londres: John Murray.

"Unbeaten Tracks in Japan" — par Miss Isabella Bird. Londres: John Murray.

"Young Japan" — par J. R. Black.

"Japan — The Land of the Morning" — par W. G. Dixon. Edinbourg: J. Gammel.

"The Soul of the Far East"
"Noto: An Unexplored Corner of Japan" } — par Percival Lowell. Boston: Ticknor & Co.
"Occult Japan"

"Glimpses of Unfamiliar Japan"
"Out of the East"
"Kokoro" } — par Lafcadio Hearn. Boston: Houghton, Mifflin & Co.
"Glimpses of Buddha Fields"

"Notes on Japan" — par Alfred Parsons. New York: Harper & Brothers.

"Problems and Politics of the Far East" — par George N. Curzon. Londres.

"Seas and Lands"
"Japonica" } — par Sir Edwin Arnold. New York: Chas. Scribner's Sons, 1891.

"The Real Japan" — par Henry Norman. New York: Chas. Scribner's Sons.

"Mme. Chrysanthème." Paris: Callmann Lévy.
"Japonaiseries d'Automne." Paris: Callmann Lévy. } — par Pierre Loti.
"Japanese Women." Harper's Magazine, Dec. 1890.

"Japanese Girls and Women" — par Alice Bacon. Boston: Houghton, Mifflin & Co., 1891.

"Jinrikisha Days in Japan" — par Eliza Ruhamah Scidmore. New York: Harper & Brothers, 1891.

"Things Japanese" — par Basil Hall Chamberlain, 1891.

"The Flowers of Japan and the Art of Floral Arrangement" — par Josiah Conder. Yokohama: Kelly & Walsh, 1891.

"Japanese Architecture" — par Josiah Conder and J. McD. Gardiner.

"Landscape Gardening in Japan" — par Josiah Conder.

"Japan As We Saw It" — par Robert S. Gardiner. Boston, 1892.

"Japanese Pottery" — par Sir Augustus W. Franks. Londres. Manuel du Musée de South Kensington.

"L'Art Japonais" — par Louis Gonse. Paris.

"La Céramique Japonaise" — par Oueda Tokounotonke. Paris.

"Corea — The Hermit Nation" — par W. E. Griffis. New York: Harper & Brothers.

"Choson — The Land of the Morning Calm" — par Percival Lowell. Boston: Houghton, Mifflin & Co.

"The Middle Kingdom" — par S. Wells Williams. New York: Charles Scribner's Sons.

"Travels in Northern China" — par Rev. N. Williamson.

"Chinese Characteristics" — par Rev. A. Smith. New York: Fleming, Revell & Co.

"The Real Chinaman" — par Chester Holcomb. New York: Dodd, Mead & Co.

"L'Art Chinois" — par M. Paléologue. Paris.

"La Céramique Chinoise" — par E. Grandidier. Paris.

74

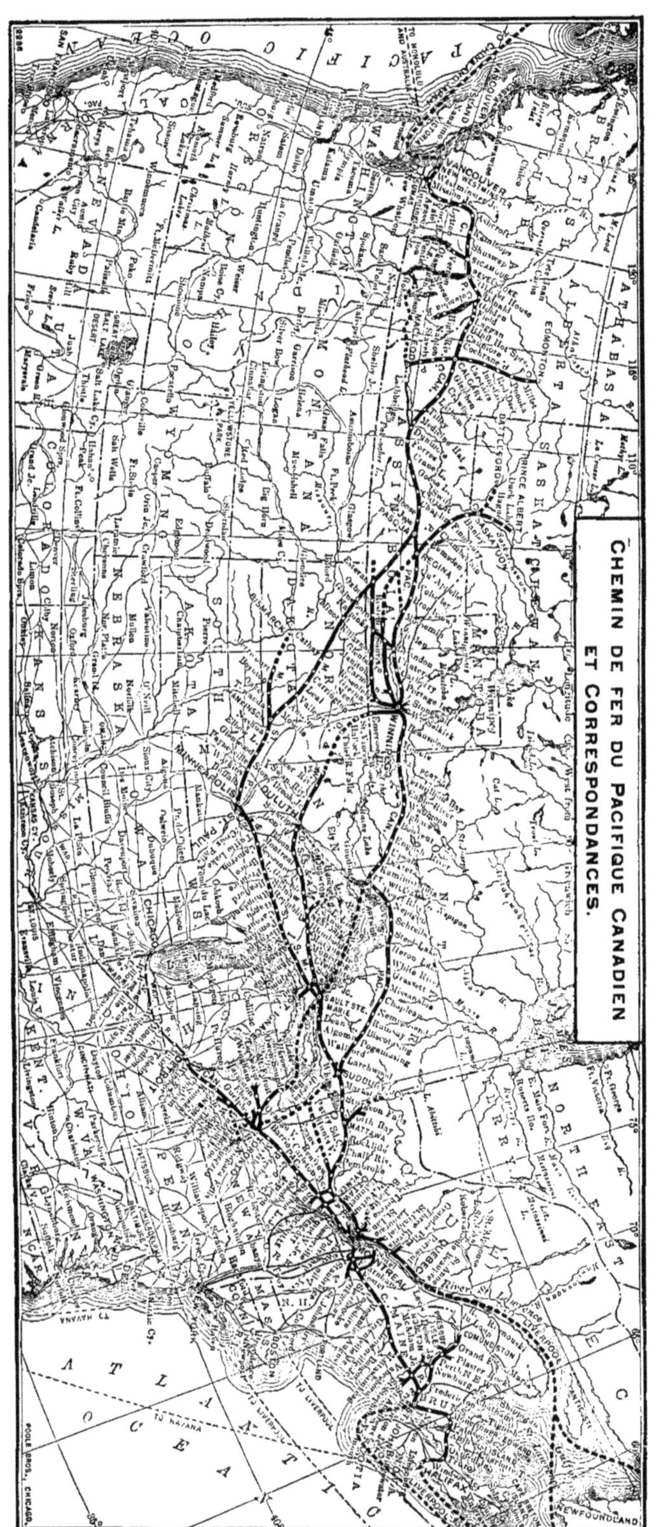

CHEMIN DE FER DU PACIFIQUE CANADIEN ET CORRESPONDANCES.
POOLE BROS., CHICAGO.

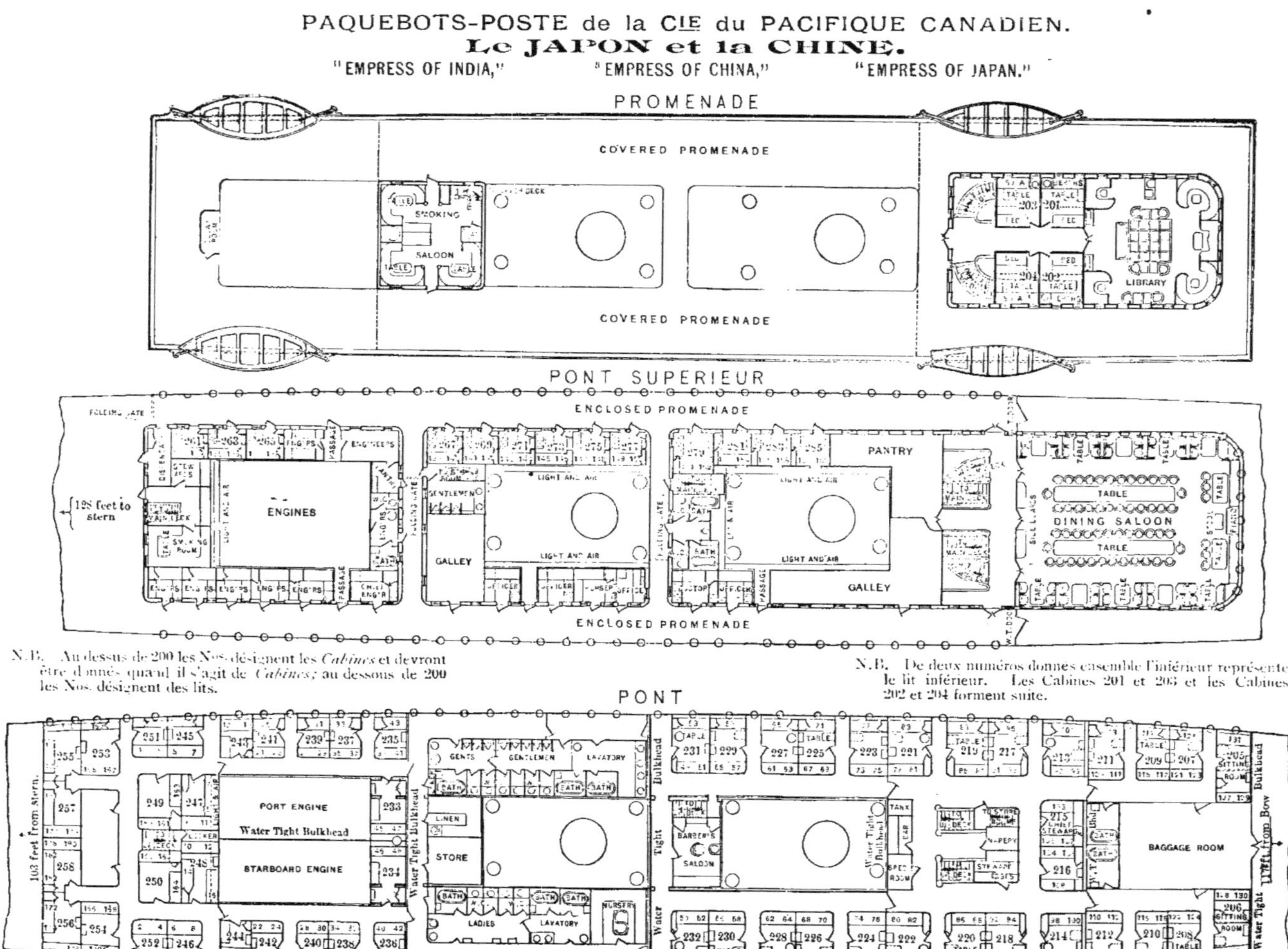

PAQUEBOTS-POSTE de la CIE du PACIFIQUE CANADIEN.
Le JAPON et la CHINE.
"EMPRESS OF INDIA,"   "EMPRESS OF CHINA,"   "EMPRESS OF JAPAN."
PROMENADE
COVERED PROMENADE
COVERED PROMENADE
SMOKING
SALOON
LIBRARY
PONT SUPERIEUR
ENCLOSED PROMENADE
ENGINES
GALLEY
LIGHT AND AIR
LIGHT AND AIR
GENTLEMEN
PANTRY
GALLEY
DINING SALOON
TABLE
SIDE LINGS
128 feet to stern
ENCLOSED PROMENADE
N.B.   Au dessus de 200 les Nos. désignent les Cabines et devront
être donnés quand il s'agit de Cabines; au dessous de 200
les Nos. désignent des lits.
N.B.   De deux numéros donnés ensemble l'intérieur représente
le lit inférieur.   Les Cabines 201 et 203 et les Cabines
202 et 204 forment suite.
PONT
PORT ENGINE
Water Tight Bulkhead
STARBOARD ENGINE
GENTS   GENTLEMEN   LAVATORY
BATH   BATH
STORE
LINEN
LADIES   LAVATORY
NURSERY
BARBER'S
SALOON
BAGGAGE ROOM
Water Tight Bulkhead
Water Tight Bulkhead
103 feet from stern.
112 ft. from Bow

JOURNAL.

PAQUEBOT ....

Date.	Latitude.	Longitude.	Distance Parcourue.	Remarques.

LISTE DES PRINCIPALES AGENCES

FOURNISSANT DES BILLETS ET DES RENSEIGNEMENTS CONCERNANT
LES DEPARTS, ETC.

ADELAIDE . . AUSTRALIE DU SUD..B. W. MacDonald.

AMOY . . . . CHINE..Jardine, Matheson & Co.

AMSTERDAM . . . .HOLLANDE..Lissonne & Fils, - - - - - Singel, No. 155.
Cie Internationale des Wagons-Lits.

ANVERS . . . . . . BELGIQUE..Raydt & Cie, Agents de billets, - - 1 Rue au Sucre.
Richard Berns, Agent de billets, 132 Avenue du Commerce.
H. Debenham, Agent pour le trafic continental,
15 Rue St. Paul.

AUCKLAND . NOUVELLE ZÉLANDE..Thos. Cook & Son, et New Zealand Shipping Co. (Ltd.).

BADEN-BADEN . . . ALLEMAGNE..F. W. Shick, - - - - - - Sophienstrasse 5.

BALTIMORE . . . . MARYLAND..C. G. Osburn, Agent local des passagers et du fret,
129 Rue E. Baltimore.

BANGKOK . . . . SIAM..Windsor & Co.

BATAVIA . . . . JAVA..MacLaine, Watson & Co.

BERLIN . . . . . ALLEMAGNE..Cie Internationale des Wagons-Lits, 69 Unter den Linden.

BOMBAY . . . . INDES..Ewart, Latham & Co.
Thomas Cook & Son, - - - - 13 Rampart Row.

BOSTON . . . MASSACHUSETTS..H. J. Colvin, Agent des passagers pour le district,
197 Rue Washington.

BOULOGNE-SUR-MER . . FRANCE..Hernu, Péron & Cie. Agents de billets, - - Siége Social.

BRISBANE . . . . . AUSTRALIE..The British India & Queensland Agency Co. (Lim.).

BROCKVILLE . . . . ONTARIO..G. E. McGlade, Agent de billets,
Coin des rues King et Court House.

BRUXELLES . . . . BELGIQUE .Cie Internationale des Wagons-Lits, 65-67 Rue de l'Ecuyer.

BUCHAREST. . . . . ROUMANIE..Cie Internationale des Wagons-Lits, Strada Vamei, 1.
Fundatisenes.
Universetara, Carol 1.

BUDA-PESTH . . . . HONGRIE..Cie Internationale des Wagons-Lits, Grand Hotel Hungaria.

BUFFALO . . . . . NEW YORK..A. J. Shulman, Agent local des passagers et du fret,
233 Rue Main.

LE CAIRE . . . . EGYPTE..Cie Internationale des Wagons-Lits, Correspondants,
Ghesireh Palace.

CALCUTTA. . . . . . . INDES..Gillanders, Arbuthnot & Co.
Thomas Cook & Son, - - 11 Rue Old Court House.

CANTON . . . . CHINE..Jardine, Matheson & Co.

CAPE TOWN . . AFRIQUE DU SUD..Wm. Anderson & Co.

CHEFOO . . . . CHINE..Fergusson & Co.

CHEMULPO. . . . . . CORÉE..Holme, Ringer & Co.

CHICAGO . . . . . . ILLINOIS..J. Francis Lee, Agent Général du depart. des pass.,
228 Rue Clark.

COLOGNE . . . . ALLEMAGNE..Cie Internationale des Wagons-Lits, - Gare Centrale.

COLOMBO . . . . CEYLAN..Bois Brothers.
Thomas Cook & Son (E. B. Creasey).

CONSTANTINOPLE . . TURQUIE..Cie Internationale des Wagons-Lits, 130 Grande Rue de Pera.

COPENHAGUE . . . DANEMARK..Joachim Prahl, Correspondant.

BAIE DELAGOA . AFRIQUE DU SUD..Niven, Mitchell & Cotts.

DETROIT . . . . . . MICHIGAN..A. E. Edmonds, Agent local de billets, - 11 Rue Fort, O.

DUNEDIN . NOUVELLE ZELANDE..New Zealand Shipping Co.

DURBAN . . . AFRIQUE DU SUD..Niven, Mitchell & Cotts.

FOOCHOW . . . . CHINE..Jardine, Matheson & Co.

FORMBY . . . . . . TASMANIE..The River Don Trading Co. (Lim.).

FRANCFORT . . . ALLEMAGNE..Cie Internationale des Wagons-Lits, . 1 Kaiserstrasse.

GLASGOW . . . . . . ECOSSE..A. Baker, Gérant du trafic européen, - 67 Rue St. Vincent.

HALIFAX . . . . NOUV. ECOSSE..J. D. Chipman, Agent local des passagers,
105½ & 107 Rue Hollis.

HAMBOURG . . . . ALLEMAGNE..Wulkow & Cornelsen, - - Klosterstrasse 1.
Cie Internationale des Wagons-Lits,
Hamburger-Hoff, No. 6 Grosse Bleichen.

HAMILTON . . . . . BERMUDES..Jos. A. Conyers.

HAMILTON . . . . . . ONTARIO..W. J. Grant, - - Coin des rues King et James.

HANKOW . . . . CHINE..Jardine, Matheson & Co.

LE HAVRE . . . . . . FRANCE..Hernu, Péron & Cie, - - 4 Place du Commerce.
R. Odinet, - - - - 4 & 14 Rue Ed. Larue.

HOMBOURG . . . ALLEMAGNE..Cie Internationale des Wagons-Lits, - 84 Louisenstrasse.

HONG-KONG. . . . . .D. E. Brown, Agent Général pour la Chine et le Japon.

HONOLULU . . . . . HAWAII..Theo. H. Davies & Co. (Lim.).

JOHANNESBOURG, AFRIQUE DU SUD..Niven, Mitchell & Cotts.
KINGSTON . . . . . JAMAIQUE..Gerald A. Morais, - Coin des Rues Pt. Royal et Orange.
KOBE . . . . JAPON..G. Millward.
LIVERPOOL . . . . ANGLETERRE..A. Baker, Gérant de trafic européen, - 7 Rue James.
LONDON . . . . . ONTARIO..T. R. Parker, Agent de billets. - - 161 Rue Dundas.
LONDRES . . . . ANGLETERRE..A. Baker, 67 & 68 King William St., E. C., et 30 Cockspur St., S. W.
MADRAS . . . . INDES..Arbuthnot & Co.
MADRID . . . . . ESPAGNE..Cie Internationale des Wagons-Lits, - 18 Calle de Alcala.
MALTE . . . .Turnbull, Jr. & Somerville, Correspondants.
MANILLE . . . . PHILLIPPINES..Smith, Bell & Co.
MARQUETTE . . . . MICHIGAN..Geo. W. Hibbard, Agent Général des Pass., D. S. S. & A. Ry.
MELBOURNE . . . . AUSTRALIE..{ Thomas Cook & Son.
{ Aust. United Steam Nav. Co. (Lim.).
MINNEAPOLIS . . . MINNESOTA..W. R. Callaway, Agent Général des Passagers, Soo Line.
MONTE CARLE . . . . MONACO..Cie Internationale des Wagons-Lits, - Hotel de Paris.
MONTREAL . . . . . . QUEBEC..C. E. E. Ussher, Agent Général des Pass., Pacifique Canadien.
MOSCOU . . . . . . RUSSIE..Cie Internationale des Wagons-Lits,
Boulevard Strasnoy, Maison Tschischoff.
NAGASAKI . . . . JAPON..Holme, Ringer & Co.
NAPLES . . . . ITALIE..Cie Internationale des Wagons-Lits, 288 Via Riviera di Chiaia.
NEW YORK . . . . . NEW YORK..E. V. Skinner, Agent Général pour l'Est, 353 Broadway.
NIAGARA FALLS . . . NEW YORK..D. Isaacs, - - - - - - Prospect House.
NICE . . . . FRANCE..Cie Internationale des Wagons-Lits, 2 Avenue Massena.
OSTENDE . . . . . BELGIQUE..R. Meny & Cie.
OTTAWA . . . . . ONTARIO..Geo. Duncan, Agent local des passagers, - 42 Rue Sparks.
PARIS . . . . FRANCE..{ Cie Internationale des Wagons-Lits, 3 Place de l'Opéra.
{ Thos. Cook & Son, - - - - 1 Place de l'Opéra.
{ Hernu, Péron & Cie, - 95 Rue des Marais, St. Martin.
{ " " " - - 61 Boulevard Haussmann.
PENANG . . ST'S SETTLEMENTS.Boustead & Co. [629 & 631 Rue Chestnut.
PHILADELPHIE . PENNSYLVANIA..H. McMurtrie, Agent local des pass. et du fret,
PITTSBURG . . PENNSYLVANIA..F. W. Salsbury, Agent commercial, 409 Smith Building.
PORTLAND . . . . . . MAINE..G. H. Thompson, Agent de billets,
Gare Union, Maine Central Rd.
PORTLAND . . . . . OREGON..H. H. Abbott, Agent des passagers, - 145 Rue Third.
QUEBEC . . . . . . QUEBEC..E. H. Crean, Agent des passagers, En face Hotel des Postes.
RANGOON . . . . BIRMANIE..{ Gillanders, Arbuthnot & Co.
{ Thomas Cook & Son. - - - - Rue Merchant.
ROME . . . . ITALIE..Cie Internationale des Wagons-Lits, 31 et 32 Via Condotti.
ROTTERDAM . . . . HOLLANDE..B. Karlsberg & Cie.
ST. JOHN . . NEW BRUNSWICK..A. J. Heath, Agent des passagers pour le district.
ST. PAUL . . . . . MINNESOTA..W. S. Thorn, Asst. Agent Général des Pass., Soo Line.
ST. PETERSBOURG . . . RUSSIE..Cie Internationale des Wagons-Lits, - 2 Petite Morskaia.
SAMARANG . . . . . . JAVA..MacNeill & Co.
SANDAKAN . . BRIT. N. BORNEO..R. Lorentzen. [627 Rue Market.
SAN FRANCISCO . . CALIFORNIA..M. M. Stern, Agent des pass. et du fret pour le district,
SAULT STE. MARIE . MICHIGAN..T. R. Harvey, - - - Bureau sur les docks.
SEATTLE . . . . WASHINGTON..W. R. Thomson, Mutual Life Building. 609 First Avenue.
SHANGHAI . . . . . . CHINE..Jardine, Matheson & Co.
SINGAPORE . . ST'S SETTLEM'S..Boustead & Co.
SOURABAYA . . . . . JAVA..Fraser, Eaton & Co.
SYDNEY . . . . . AUSTRALIE..{ Burns, Philp & Co. (Lim.).
{ Thomas Cook & Son.
TACOMA . . . . . WASHINGTON..F. R. Johnson, Agent des pass. et du fret, 1023 Avenue Pacific.
TORONTO . . . . . ONTARIO..A. H. Notman, Asst. Agent Général des Pass., 1 King St., East.
VANCOUVER . . . . COL. ANGL..E. J. Coyle, Asst. Agent Général des Pass.
VIENNE . . . . . AUTRICHE..{ Cie Internationale des Wagons-Lits, 15 Karnthner Ring.
{ Schenker & Cie.
VICTORIA . . . . COL. ANGL..B. W. Greer, Agent des pass. et du fret, - Rue Government.
VLADIVOSTOCK . . . SIBERIE..Shevelleff & Cie.
VARSOVIE . . . . . . RUSSIE..Cie Internationale des Wagons-Lits, - 2 Rue Kotzebue.
WASHINGTON . . . . . . D. C..W. W. Merkle, Agent local, - 1229 Pennsylvania Ave.
WEI-HEI-WEI . . . . . CHINE..Fergusson & Co.
WELLINGTON, NOUVELLEZ ELANDE..New Zealand Shipping Co.
WIESBADEN . . . ALLEMAGNE .Cie Internationale des Wagons-Lits, - 24 Wilhelmstrasse.
WINNIPEG . . . . . MANITOBA..C. E. McPherson, Agent Général des Pass., Pacifique Canadien.
YOKOHAMA . . . . JAPON..Wm. T. Payne, Agent Général du Trafic Japonais, 14 Bund.

❧ ❧ CALENDRIER ❧ ❧

· · · 1900 · · ·

JANVIER.

S	M	T	W	T	F	S
..	1	2	3	4	5	6
7	8	9	10	11	12	13
14	15	16	17	18	19	20
21	22	23	24	25	26	27
28	29	30	31	..	..	..
..	..	..	..	..	..	..

FEVRIER.

S	M	T	W	T	F	S
..	..	..	..	1	2	3
4	5	6	7	8	9	10
11	12	13	14	15	16	17
18	19	20	21	22	23	24
25	26	27	28	..	..	..
..	..	..	..	..	..	..

MARS.

S	M	T	W	T	F	S
..	..	..	..	1	2	3
4	5	6	7	8	9	10
11	12	13	14	15	16	17
18	19	20	21	22	23	24
25	26	27	28	29	30	31
..	..	..	..	..	..	..

AVRIL.

S	M	T	W	T	F	S
1	2	3	4	5	6	7
8	9	10	11	12	13	14
15	16	17	18	19	20	21
22	23	24	25	26	27	28
29	30	..	..	..	..	..
..	..	..	..	..	..	..

MAI.

S	M	T	W	T	F	S
..	..	1	2	3	4	5
6	7	8	9	10	11	12
13	14	15	16	17	18	19
20	21	22	23	24	25	26
27	28	29	30	31	..	..
..	..	..	..	..	..	..

JUIN.

S	M	T	W	T	F	S
..	..	..	..	..	1	2
3	4	5	6	7	8	9
10	11	12	13	14	15	16
17	18	19	20	21	22	23
24	25	26	27	28	29	30
..	..	..	..	..	..	..

JUILLET.

S	M	T	W	T	F	S
1	2	3	4	5	6	7
8	9	10	11	12	13	14
15	16	17	18	19	20	21
22	23	24	25	26	27	28
29	30	31	..	..	..	..
..	..	..	..	..	..	..

AOÛT.

S	M	T	W	T	F	S
..	..	..	1	2	3	4
5	6	7	8	9	10	11
12	13	14	15	16	17	18
19	20	21	22	23	24	25
26	27	28	29	30	31	..
..	..	..	..	..	..	..

SEPTEMBRE.

S	M	T	W	T	F	S
..	..	..	..	..	..	1
2	3	4	5	6	7	8
9	10	11	12	13	14	15
16	17	18	19	20	21	22
23	24	25	26	27	28	29
30	..	..	..	..	..	..

OCTOBRE.

S	M	T	W	T	F	S
..	1	2	3	4	5	6
7	8	9	10	11	12	13
14	15	16	17	18	19	20
21	22	23	24	25	26	27
28	29	30	31	..	..	..
..	..	..	..	..	..	..

NOVEMBRE.

S	M	T	W	T	F	S
..	..	..	..	1	2	3
4	5	6	7	8	9	10
11	12	13	14	15	16	17
18	19	20	21	22	23	24
25	26	27	28	29	30	..
..	..	..	..	..	..	..

DECEMBRE.

S	M	T	W	T	F	S
..	..	..	..	..	..	1
2	3	4	5	6	7	8
9	10	11	12	13	14	15
16	17	18	19	20	21	22
23	24	25	26	27	28	29
30	31	..	..	..	..	..

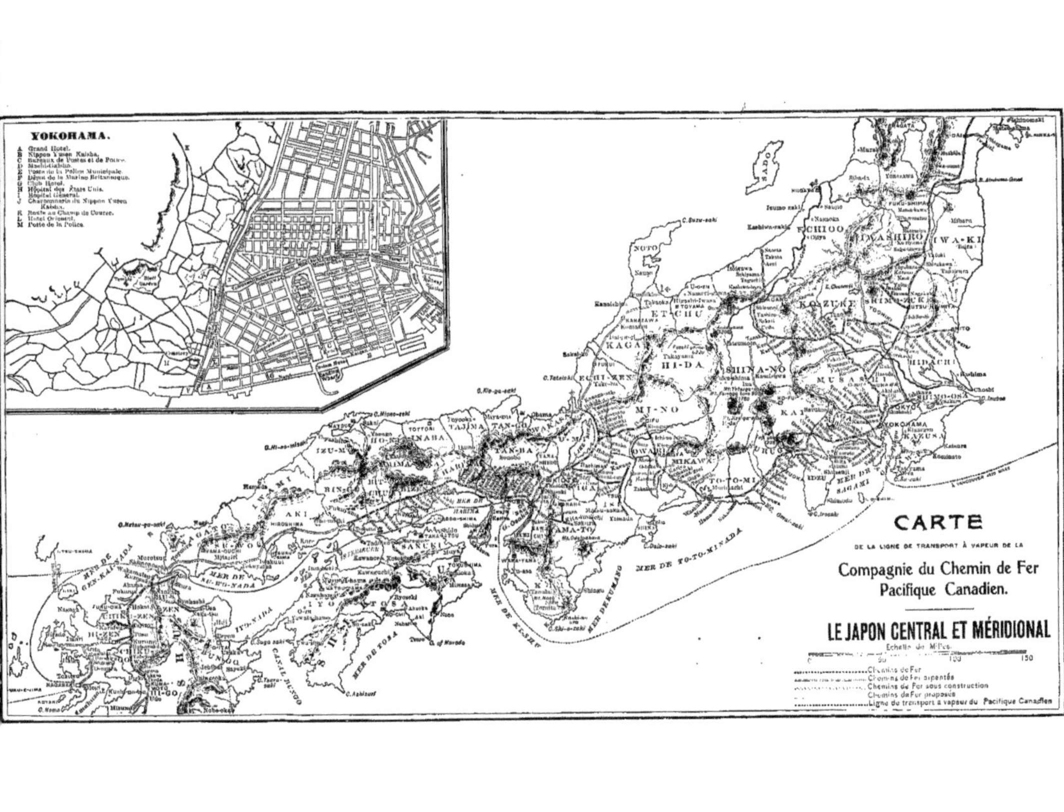

YOKOHAMA.
A Grand Hotel.
B Nippon Yusen Kaisha.
C Bureaux de Postes et de Police.
D Machi-Gaisha.
E Poste de la Police Municipale.
F Dépôt de la Marine Britannique.
G Club Hotel.
H Hôpital des États Unis.
I Hôpital Général.
J Charpennerie du Nippon Yusen Kaisha.
K Route au Champ de Course.
L Hôtel Orient.
M Poste de la Police.
CARTE
DE LA LIGNE DE TRANSPORT À VAPEUR DE LA
Compagnie du Chemin de Fer Pacifique Canadien.
LE JAPON CENTRAL ET MÉRIDIONAL
Echelle de Milles.
50 100 150
Chemins de Fer
Chemins de Fer arpentés
Chemins de Fer sous construction
Chemins de Fer proposés
Ligne de transport à vapeur du Pacifique Canadien

KOBE
JAPAN
YOKOHAMA
NAGASAKI
SHANGHAI
HONG KONG
MANILLA